《图说潮州文化》编委会

广东省社会科学界联合会
潮州市社会科学界联合会　　组织策划

2022年潮州市文艺创作重点项目

图说潮州文化

陈贤武　吴淑贤　主编

暨南大学出版社
JINAN UNIVERSITY PRESS

中国·广州

图书在版编目（CIP）数据

图说潮州文化 / 陈贤武，吴淑贤主编. —广州：暨南大学出版社，2022.7
ISBN 978-7-5668-3463-8

Ⅰ．①图…　Ⅱ．①陈…②吴…　Ⅲ．①地方文化—潮州—图解
Ⅳ．①G127.653-64

中国版本图书馆CIP数据核字（2022）第128650号

图说潮州文化
TUSHUO CHAOZHOU WENHUA

主　编：陈贤武　吴淑贤

出 版 人：张晋升

策划编辑：黄圣英

责任编辑：雷晓琪　冯　琳

责任校对：林　琼

责任印制：周一丹　郑玉婷

出版发行：暨南大学出版社（511443）

电　　话：总编室（8620）37332601

　　　　　营销部（8620）37332680　37332681　37332682　37332683

传　　真：（8620）37332660（办公室）　37332684（营销部）

网　　址：http://www.jnupress.com

排　　版：广州尚文数码科技有限公司　启慧文化

印　　刷：深圳市新联美术印刷有限公司

开　　本：787mm×1092mm　1/16

印　　张：12.5

字　　数：220千

版　　次：2022年7月第1版

印　　次：2022年7月第1次

定　　价：88.00元

习近平视察潮州金句

潮州是一个具有悠久历史的文化名城，弥足珍贵，实属难得。我们要很好地去研究她，去爱这个城市，呵护好她，建设好她。潮州这个地方有很多宝，这些年也是蒸蒸日上、欣欣向荣、前景可观，希望我们潮州的父老乡亲同志们，抓住这个大好时机，乘势而上，起而行之，继续把潮州建设好。

潮州历史悠久、人文荟萃，是国家历史文化名城，很多人都慕名前来参观旅游。要保护好具有历史文化价值的老城区，彰显城市特色，增强文化旅游内涵，让人们受到更多教育。

广济桥历史上几经重建和修缮，凝聚了不同时期劳动人民的匠心和智慧，具有重要的历史、科学、艺术价值，是潮州历史文化的重要标志。要珍惜和保护好这份宝贵的历史文化遗产，不能搞过度修缮、过度开发，尽可能保留历史原貌。要抓好韩江流域综合治理，让韩江秀水长清。

潮州文化具有鲜明的地域特色，是岭南文化的重要组成部分，是中华文化的重要支脉。以潮绣、潮瓷、潮雕、潮塑、潮剧和工夫茶、潮州菜等为代表的潮州非物质文化遗产，是中华文化的瑰宝。

要加强非物质文化遗产保护和传承，积极培养传承人，让非物质文化遗产绽放出更加迷人的光彩。

（据 @潮州发布，2020 年 10 月 29 日）

序

作为道地的潮州人，我成年后才远走他乡，且每年都回来省亲，关于家乡的记忆，自然牢不可破。可真要我摆开架势，谈论潮州文化，则马上捉襟见肘。在《潮汕文化读本》（广东教育出版社，2017）的序言中，我谈及："有关乡土的缤纷知识，并非自然习得，同样需要学习与提醒、关怀与记忆。"这么说不是无的放矢，乃切身体会——单靠生活经验不够，须不断地"学而时习之"，方才可能对家乡有较为深入的了解。多年前阅读林伦伦、吴勤生主编的《潮汕文化大观》（花城出版社，2001），感叹居然有那么多乡土知识与文化积淀是我所不知晓的，实在惭愧！

从零星的感性体验走向系统分析与深入阐释，这条路很长，需要借助很多专门家的著作。虽长期从事文史研究，但潮汕史非我所长，从不敢冒充专家。我读饶锷、饶宗颐《潮州艺文志》（上海古籍出版社，1994），《饶宗颐潮汕地方史论集》（黄挺编，汕头大学出版社，1996），李新魁、林伦伦《潮汕方言词考释》（广东人民出版社，1992），陈历明《〈金钗记〉及其研究》（广西师范大学出版社，1992），吴国钦、林淳钧《潮剧史》（花城出版社，2015），黄挺《中国与重洋：潮汕简史》（生活·读书·新知三联书店，2017），陈春声《地方故事与国家历史：韩江中下游地域的社会变迁》（生活·读书·新知三联书店，2020）等著作，如沐春风。可同时我也承认，在厚重的专家著述之外，我们还需要若干"小而美"的普及读物。

阅读即将由暨南大学出版社推出的《图说潮州文化》（陈贤武、吴淑贤主编），感觉很是愉悦。作为微型的潮州文化百科全书，用将近200页的篇幅，向大众介绍潮州这座"国家历史文化名城"的古往今来，以及日常生活的方方面面，如此体例设定，专业性肯定不够，可作为游览/阅读指南，还是称职的。比如，此书谈论潮州这座"岭海名邦"，借助文化遗存、方言文化、潮州文艺、民间习俗、潮州民居建筑、潮州名胜、潮州工艺美术、潮州饮食、四海潮声九部分，虽说都是点到为止，好在图文并茂，对初入门的读者大有裨益。若真有兴致，可进一步阅读专业著作，或进行沉浸式体验，或干脆从事田野考察。

在《六看家乡潮汕——一个人文学者的观察与思考》（《同舟共进》2016年第7期）中，我曾预言："相信未来二三十年，随着经济结构转型以及生活方式改变，悠闲、清淡、精致、优雅的潮菜及潮人，会有很大的发展空间。当务之急是寻找潮汕人的共同记忆，建立合理的历史论述与未来想象。"可现实生活中，因1991年的三市分立，谈"潮人潮学"变得非常困难——既恐越界，又怕遗漏。摆在你我面前的这册图文书，面临同样的挑战：人家会问，你"图说"的，到底是广义的还是狭义的"潮州文化"？

作者说得没错："潮州文化是一个泛地域概念，从行政区域来看，潮州文化覆盖广义的潮汕地区，甚至涵盖了汕尾大部分和梅州的一小部分。"可实际上，本书谈民居建筑、名胜古迹、工艺美术等，局限于今天的潮州市，只是在涉及三市共有的历史记忆或精神信仰时，方才略为扩张。比如介绍粤东地方"守护神"之一"三山国王"时，作者会提醒："揭西县河婆镇的'霖田祖庙'又称三山国王祖庙。"谈及"开埠文化"，自然以汕头为中心，而小公园片区那些环状分布、中西合璧的骑楼建筑群，"是汕头'百载商埠'的历史见证"。我理解作者的难处，既不能越俎代庖，也不好掩耳盗铃，目前也只能这么处理——三市各自著述，采用"互见"的办法。

谈论潮州，不仅需要无数精彩的细节描述，还希望有所总结与提升。作者将潮州人的思维方式和美学追求概括为"儒雅、精致、开拓、感恩"。这我大致同意。可另一方面，我想提醒，自20世纪90年代以来，各省市都在发掘自己的地方特色，此举可增强文化自信，提高国内外知名度。为了便于传播，最终往往凝聚成一两句口号。因此，不管是专家的"地域文化"研究，还是官员的"城市精神"表述，都尽可能往好的方面说。80年代那种自我反省为主、突出批判意识的论述风格，不再被欣赏。既然大势如此，只要不无中生有，论述时略为拔高，完全可以理解。

可谁都明白，世界上的事，有一利必有一弊。当我们在描述或阐扬潮州文化特质时，必须记得，除了那些说得出来的，还有好些想不清楚或说不出来的。自信满满之外，若能再加上一点自省，那样更有可能不断进取。

陈平原

2022年2月17日于京西圆明园花园

目录

潮州拥有「国家历史文化名城」「中国著名侨乡」「中国工艺美术之都」「中国潮州菜之乡」等二十六张城市名片。两千年的历史积淀，淬炼了潮州这座城市独特的文化形态和精神气质。

潮州名片

国家历史文化名城

　　潮州历史悠久，人文荟萃，是潮州文化的发祥地，文化资源繁富，文化品位高雅，素有"海滨邹鲁""岭海名邦""岭东首邑"之誉，是历代郡、州、路、府治所，自建制至中华人民共和国成立初期，一直是粤东地区的政治、经济、文化中心。1986年，被国务院评为第二批国家历史文化名城。

中国著名侨乡

  潮州是中国著名侨乡，旅居海外的潮籍华侨华人人口众多，遍布世界五大洲，特别是东南亚一带。广大海外潮人勇于拼搏，落地生根，艰苦创业，传承传播中华优秀文化，为居住国经济社会发展发挥了重要作用。他们心系故土，投资兴业，捐资公益，为家乡建设留下浓墨重彩的篇章。

海丝重镇

　　潮州地处东南沿海，自隋唐以来，凭借有利的地理环境，借助成熟的造船技术，潮州的内河及海上航运十分发达，海外贸易迅速崛起，瓷器、茶叶、盐、糖、蓝靛布等货物大量销往国内外，移民海外的潮人还将本土的原生态生活方式带到世界各地。

中国瓷都

　　潮州是"中国瓷都"，陶瓷传统工艺源远流长，是我国陶瓷文化发祥地之一。潮州陶瓷产业体系完整，产品门类齐全，风格多样，是全国最具活力和发展最快的陶瓷产区之一，更是全国最大的日用陶瓷、卫生陶瓷和电子陶瓷生产基地。

中国工艺美术之都

潮州工艺美术底蕴深厚，品类繁多，技艺精湛，拥有潮瓷、潮塑、潮绣、潮州木雕、潮州嵌瓷、潮州剪纸、潮州麦秆剪贴画等众多品种，十七项国家级非物质文化遗产，一百四十七名国家级、省级非遗大师和大批工艺美术师，是全国首个「中国工艺美术之都」，也是全国唯一一个「中国民间工艺传承之都」。

中国潮州菜之乡

潮州菜被誉为「最好的中华料理」，是享誉海内外的一大菜系，在中国乃至世界烹饪文化中占据重要位置。潮州菜中的潮州小食是全国八大点心系列之一。有华人的地方就有潮州菜馆，潮州菜因其美誉而遍布世界各地。

文化源流

潮州文化是什么

　　潮州文化是中华文化的地域性分支，是由讲潮语的民系在长期的历史进程中创造、形成的，是一种由农耕文化与海洋文化、中原文化与本土文化长期交融而形成的动态文化体系。

　　潮州文化发祥于潮州，覆盖整个潮语方言区，具有鲜明的区域文化特质，它植根于潮州本土，在全球特别是东南亚地区拥有重要影响力。

　　岭南文化大致分为三大板块，即广府文化、客家文化和潮州文化。潮州文化是一个泛地域概念，从行政区域来看，潮州文化覆盖广义的潮汕地区，甚至涵盖了汕尾大部分和梅州的一小部分。

薄雾缭绕的广济桥

潮州文化是怎样形成和发展的

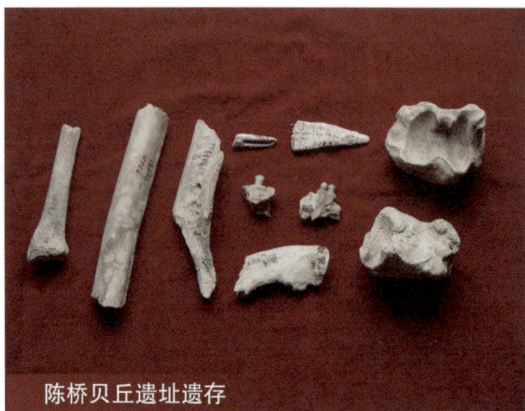

陈桥贝丘遗址遗存

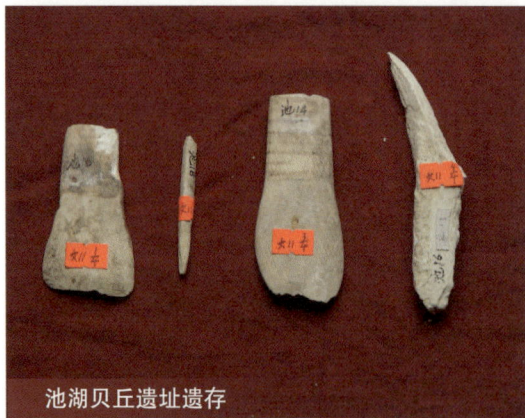

池湖贝丘遗址遗存

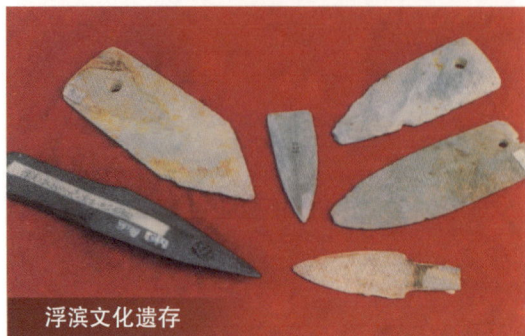

浮滨文化遗存

潮州所在区域，包括整个潮汕地区，人类活动历史久远。南澳象山考古发现距今8 000年以上的古人类活动遗址。在本地区发掘和发现的距今6 000～5 500年的古人类活动遗址更多。这些遗址因为有大量的古人类食余抛弃的贝壳堆积而被称为贝丘遗址，其中以潮安陈桥贝丘遗址最有代表性。距今约3 390—2 870年（即商中期至西周前期），粤东、闽南受到中原商周文化的强烈影响，出现了早期青铜文化，进入了文明社会阶段，这在浮滨文化遗址中得到体现。

陈桥贝丘遗址、浮滨文化遗址都体现了面貌独特的土著文化："陈桥人"处于渔猎与农耕相结合的阶段，"浮滨人"则已进入青铜、农耕文明。

春秋战国时期，越国人沿海路南迁，在珠江流域立足后，进入潮地，南越文化与浮滨文化相融合，影响了本地区固有的土著文化。

　　秦始皇统一六国后，南征百越，将贬谪士民迁与百越人杂处，置南海、象郡、桂林三郡，在揭阳岭设戍所，潮地始载入秦王朝之版图。秦末汉初，南越国自立于五岭之南，在南海郡设揭阳县，本地区行政建制始于此。汉平南越后，岭南地区被纳入国家版图，本地区开始有了隶属于中央政权的县级建制，中原文化直接进入潮地。土著越人、汉化越人与北方移民杂处，此时期的文化也呈现汉文化与土著文化纷呈的局面。

《元和郡县志》
载潮州得名由来

　　魏晋时期，大批北方汉人移民南迁，有少量分散的北方移民来到了本地区。随着移民数量的逐渐增多，朝廷遂将其收编入籍，并置郡县以管理。东晋义熙九年（413），义安郡建置，此是潮地州郡一级建制之始。其地域囊括今天的潮汕地区、赣南和闽南的一部分。隋开皇十一年（591），于义安改置潮州，"以潮流往复，因以为名"，"潮州"之名自此始。

苏轼《韩文公庙碑》

宋元潮州城区图

峰東蓬

潼門

關嶺言

豐順縣

關上嶺

萬南嶺

湯坑

西至遲心堡貳百叁拾里嘉應州界

長美橋

揭陽縣

萬里橋

葦縣

迎鳳嶺

北陀臺

南陀臺

葦潭

潮陽縣

惠來縣

隘口關

海門

甲子所

神泉

潮州府疆域總圖 每方二十里

東至柏地高闗貳百貳拾里福建平和縣界

市筆至砒頭北至

大埔縣

饒平縣

關高柏

老虎關

分永關

黃岡

大城所

海山

澄海縣

惲林

東至分水關壹百肆拾里福建詔安縣界

南澳鎮

大萊蕪

放鷄山臺

南至潮陽縣

東南至海山壹百貳拾里南澳界

潮州府署镇海楼

晋唐以后，移民大量进入，为本地区带来了先进的农业和手工业生产方式，陶瓷业也开始崛起，海上航运和商贸活动的活跃使得潮州成为海上丝绸之路的重要节点之一。学校教育得到强化，佛教也传播至本地，本地的人文景观得到改变。这一时期，中华主流文化在本地区的影响逐渐扩大，主流文化与本地土著文化的交流融合，加上以韩愈为代表的历代官员不遗余力地推行儒家教化，中华主流文化遂逐渐居于主导地位，但本土文化不绝如缕，加之海上航行和商贸往来不断，于是，潮州文化便呈现出农耕与海洋、移民与本土诸文化交织共存的、杂驳纷呈乃至相互融合的格局。

丁宦大宗祠

金山书院

中原人迁移的线路大体经江西、福建进入粤东地区。中原文化对潮州文化产生重要影响，有几个重要阶段：

一是唐代韩愈被贬潮州，奠定了潮州文化的儒学底色；二是宋代理学兴起，潮州官员大多来自福建、四川和江西，来潮任职的官员在潮州兴办儒学，有力推动教育与学术发展，潮州遂有"海滨邹鲁"美誉；三是明代王阳明心学兴起，潮州是心学的重要传播地，有以薛侃为首的"潮州学派"之说，王阳明"知行合一"的理念广为潮人接受，逐渐养成潮人讲求实际、注重实践的文化品格。

自建制起，潮州一直是历代郡、州、路、府的行政机关所在地，是粤东地区政治、经济、文化中心，也是闽、粤、赣韩江流域的商品集散地及海外贸易的始发地。潮州先民的艰辛劳动，守潮名宦的勤施惠政，中原文化的传播融合，使得潮州从一个边陲之地逐步发展成为岭海名邦，形成自己独特的优秀文化。

宗山书院坊

韩师碑廊

古城小巷

民居宅第

古井

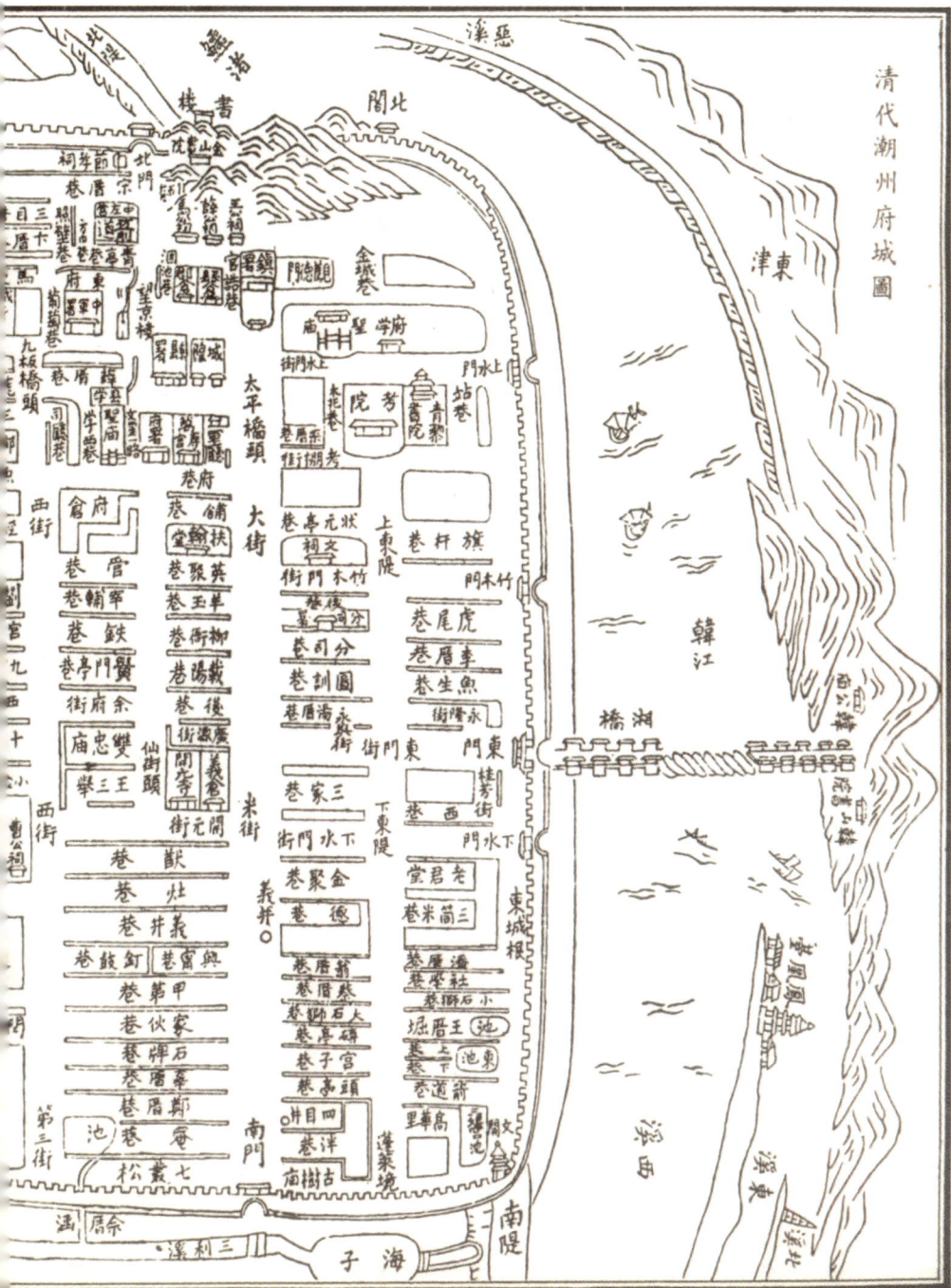

清代潮州府城图

潮州历史沿革图

史前 ○ 约6 000年前，潮州先民便开始渔、耕、猎的生活

商周 ○ 以饶平的浮滨文化为代表，潮州进入青铜、农耕文明

秦 ○ 秦始皇三十三年(前214)，秦始皇在岭南建立南海郡、桂林郡和象郡，以五岭之一揭阳岭置戍所，潮地始载入秦王朝版图，属南海郡

汉 ○ 汉高帝三年(前204)，南海郡尉赵佗建立南越国，潮地属之
○ 元鼎六年(前111)，平定南越，于南海郡置揭阳县
○ 潮地最早的行政区划是揭阳县

唐 ○ 天宝元年(742)，潮州改称潮阳郡。阳成为潮州别称
○ 天宝十年(751)，潮阳郡归隶岭南经使。此后一直隶属广东
○ 乾元元年(758)，恢复州制，潮阳郡名潮州

隋 ○ 开皇十一年(591)，于义安郡境立潮以地临南海，取"潮流往复"之意州治义安
○ 潮州之名始见史册

东晋 ○ 咸和六年(331)，分南海郡立东官郡在古揭阳县地置海阳县
○ 义熙九年(413)，东官郡分析为东官和义安郡。义安郡领海阳、潮阳、绥海宁、义招五县，郡治设在海阳
○ 潮州最早的建制是海阳县

宋

○ 宣和三年(1121)，以海阳县析置揭阳县，潮州领海阳、潮阳、揭阳三县，是为"三阳"

○ 景炎元年(1276)，宋帝赵昰逃亡潮州。翌年，元兵进逼潮州城，宋将张世杰、马发、文天祥等和畲家军相继抗元

元

○ 至元十六年(1279)，潮州归元，改潮州为潮州路

明

○ 洪武二年(1369)，改潮州路为潮州府，始称潮州府

○ 成化十二年(1466)，析海阳县置饶平县，饶平自此始置县，取"饶永不瘠，平永不乱"之意

○ 明末潮州府下辖11县

清

○ 顺治三年(1646)，清兵占领潮州城，潮州改用清纪年，仍称潮州府

○ 乾隆三年(1738)，潮州府领九县，自此至清末，"一府管九县"

中华人民共和国

○ 1953年，析潮安县设潮州市

○ 1958年，撤销潮州市并入潮安县

○ 1979年，恢复潮州市建制

○ 1983年，潮安县并入潮州市

○ 1991年，潮州市升格为地级市，辖潮安县、饶平县、湘桥区

○ 2013年，潮安撤县设区，潮州市辖潮安区、饶平县、湘桥区

民国

○ 1914年，海阳县更名为潮安县

○ 1936年，成立广东省第五区行政督察专员公署，管辖潮安县、朝阳县、揭阳县、澄海县、饶平县、惠来县、南澳县、普宁县、丰顺县、汕头市、南山管理局，共九县一市一局，治所驻潮安

潮州文化有什么

　　潮州先民的艰辛劳动，守潮名宦的勤施惠政，中原文化与海洋文化的传播融合、碰撞交汇，促进了潮州经济文化的不断发展。韩愈治潮，"传道起文"，影响深远；"十相留声"，人文鼎盛，蔚为"海滨邹鲁""岭海名邦"。

　　潮州山水有景，城市有魂。韩江一水似带，秀水长清；金山、葫芦山、笔架山三山为屏，构成了一幅绿水青山护城郭的秀美图景。潮州古城历经两千年文化滋养，文物古迹繁多，文化遗产丰富多彩，堪称"美的典范"。全市有全国重点文物保护单位9项22处，被列入国家级非物质文化遗产保护名录的有17项。

　　潮州文化博大繁富，门类众多，自成体系，独具特色。对于潮州文化而言，潮语是其最显著的文化特征。潮州话是音调、结构及含义自成一体，覆盖面特别广阔的一种方言。潮剧、潮州音乐、潮州歌册、潮州歌谣等都是以潮州话为载体的独特文艺形式。

　　潮州工艺品种有潮瓷、潮塑、潮州木雕、潮绣、潮州抽纱、潮州剪纸、潮州

夜色流光

花灯、潮州嵌瓷、潮州麦秆剪贴画等，共40多个传统工艺门类。

潮州建筑以古建筑著称，现保存了大量从唐代到近代各个时期的古建筑，以及一大批形式各异、风雅别致的民间建筑。

潮州饮食主要包括潮州菜、潮州小食、潮州工夫茶等，都是潮州重要的文化符号。

潮州文化是历代潮人共同创造的文化成果，包括广大潮人所特有的文化心态和文化追求，也是潮州文化的组成部分。尚学崇教是潮州的优秀传统，也是造就潮州文化的基础。

宋代，宋孝宗曾问潮籍官员王大宝："潮风俗如何？"大宝对曰："地瘦栽松柏，家贫子读书。"四川人陈尧佐在潮州任通判期间修建潮州第一座韩文公祠，开启了"崇韩"兴文重教的习俗。历代莅潮官员继承韩愈善政，致力办好府县儒学，发展书院和社学、义塾，使潮州"庠序大兴，教养日盛""第进士者衮衮相望"，潮州文教一直居全省前列。

"到广不到潮，枉费走一遭"，这一俗语，隐约透露着潮州人对自身文化底蕴的自信。

从熙公祠石雕装饰

潮州文化的特质是什么

潮州文化植根于中华优秀文化，是中华优秀文化的重要支脉。潮州文化崇尚天人合一的哲学思想，奉行忠孝友亲的伦理道德，在长期的海内外文化交流中形成了儒雅、精致、开拓、感恩的文化特质。随着时代的发展，潮州文化蕴含的思想观念、人文精神将更具文化价值和世界意义。

儒雅　潮州文化是中原文化、海洋文化和本土文化等多种文化融合的结晶，居于主线和核心位置的，是以儒家文化为代表的中原文化，突出体现为纲常伦理、尊卑有序、尊师重教、崇文尚礼等。韩愈治潮，对潮州影响最为深远。他离开潮州后，儒家文化的种子在潮州生根发芽，至宋代时潮州已成为人文鼎盛、重礼崇儒的"海滨邹鲁"。"儒雅"特质还体现在人们的日常生活，事事欲"儒气"，形象要

潮州古民居

"书儒"，生活要"雅"之中。无论是宗族活动、生活习俗，还是人际交往，潮州都保留了大量的古代礼仪。

精致 明清以后，潮州一方面地少人多，要谋生计、求发展，便须在"精"字上做足文章：务农须精耕细作，经商要精打细算，做工要精雕细刻，等等。另一方面，半封闭的地理环境又催生出潮人在有限的活动空间中，追求自娱、自适、自乐的达观心态，如菜怎样做才适口，茶怎样冲才更香，器乐怎样演奏才更动听，等等。集雕刻、漆艺、贴金等技法于一体的木雕，更体现了潮人在营造自己赖以生存的活动空间时，如何以不愠不燥的心态和纯正细腻的做工而将"精致"发挥到淋漓尽致。正因为这种行为方式与观念形态互为因果，形成一种良性循环，从而造就了潮人追求精致的文化理念。潮州文化之所以有别于广府文化和客家文

从熙公祠石雕装饰

古屋乐韵

化，潮人精细的人文性格是最明显的表征。

开拓 广袤的海洋赋予潮人天生的冒险精神，人多地少的窘境又迫使潮人出海谋生，因经商和移民海外的风气日渐炽盛，久而久之，就形成一种冒涉风涛、向海外发展的传统，孕育了一代代潮人勇于开拓的心态。唐代至明代，潮州的陶瓷业、制盐业十分发达，陶瓷远销东南亚、日本，海盐行销闽粤赣各县；清代，红头船南来北往，上至日本，下至东南亚各国，运走了本地的蔗糖、潮盐、潮烟等货品，同时又带来了各地的特产。潮州人善于向外拓展并融通外来文化，同时又能随遇而安，扎根创业，于是造就了"凡有潮水的地方

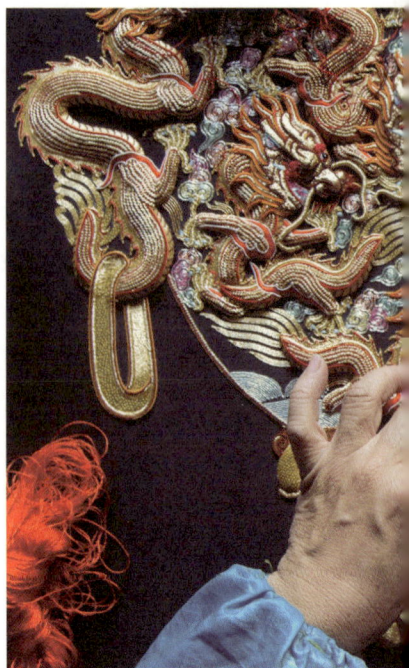

潮绣

就有潮州人"的人文景观。

感恩 受儒家文化影响，潮州人历来讲仁义，重感恩。潮州城乡各地都流传着不少关于感恩的故事。韩愈治潮仅八个月，兴修水利、驱除鳄害、劝民农桑、兴学育才。为了感怀他的德政，潮州人把位于城东的笔架山称为韩山，把环城南流的员水改称韩江，还建祠祀之，表达潮人"独信之深、思之至"的感激和崇敬之心，让后人世世代代景仰缅怀。牌坊街是历史上不同时期一大批为国家、为民族、为社会或为地方作出贡献和牺牲的"人物小传"，可以窥见潮州人崇尚传统美德的价值观念和感恩情怀。

古城人家

海滨邹鲁

潮州民系

今日潮人，虽说其先祖多为南迁的中原人，但实际上应该是由自中原南迁福建再迁潮州的福佬，自赣入闽粤的客家以及蛮、獠、俚、畲等原住民经历长时间的融合而最终形成的。

潮州土著

蛮、獠、俚 饶宗颐总纂《潮州志·民族志》载："潮属土著实为蛮獠，大别之曰俚、曰畲、曰疍。"隋唐之际，潮州的土著主要是被称为蛮、獠、俚的人。一部分蛮、獠、俚人在唐代陈元光率军平定泉州、潮州之后，臣服归化并逐渐汉化，另一部分则往西迁徙，到今西南地区。

畲族 唐代以前畲族先民就已聚居在粤、闽、赣交界一带，以凤凰山最多。自元后期至明万历年间，畲族开始大规模向闽迁徙，日渐形成目前的"大分散，

小聚居"的格局，现主要分布在闽、浙、赣、粤、皖五省。畲民一直居住于山区，与汉人通婚。客家人南下，也与畲族杂居于山地，畲民日渐被同化。潮州世居畲族现主要聚居潮安区、饶平县、湘桥区的几个村中。

中原移民

秦统一六国后，号称五十万大军南征百越，有秦兵驻扎在揭岭。自东汉末年之乱到魏晋南北朝时期，大量中原人南下，一部分到了粤东，依靠先进的生产技术、军事力量和政治制度，与生活在这一地区的土著逐渐融合，形成福佬、客家族群，最终成为本地区主要的人群。

福佬与客家的先祖同为南迁的中原人。福佬南迁大多沿江浙、福建南部沿海岸迁徙，客家则由江西过境，在虔（赣州）、汀（汀州）、梅（梅州）之交由山脉向闽粤山地分布。客家多人居于山区，与当地山区畲民接触较多，同化成为"畲客"。有些客家人进入平原地区与福佬人共处。潮客之间互相交融，潮中有客，客中有潮。在迁入潮州地区的漫长历程中，福佬人和客家人融合了大多数畲族土著，成为本地区人口的主干。

畲族祖居地

潮州名贤

历史上，不少潮州本籍名人与入潮名贤为潮州一方的文化、经济发展作出了杰出贡献，对潮州的历史发展影响深远。

韩愈治潮

对潮州文明开化影响最大的，当推唐代大文学家韩愈。韩愈因上书反对迎请佛骨，惹恼了唐宪宗，从刑部侍郎被贬为潮州刺史。韩愈治潮仅八个月，兴修水利、关心农事、赎放奴婢、驱鳄除害、兴办教育，在很短时间里为地方做了不少实事，尤其是推进文化教育，传播儒家文化，开启了潮州崇文尚教之风。"民心如镜长相映，山水于今皆姓韩"，潮州人民世世代代不会忘记韩愈的功绩。

韩愈

昌黎旧治坊

李德裕　　　　　陈尧佐　　　　　文天祥　　　　　陆秀夫

十相留声

　　唐宋时期，有十位宰相级人物来到潮州，史称"十相留声"。这十人莅潮时间长短不一，但在潮州都有一定的文化影响。其中，有唐代勤于吏治的杨嗣复、兴学兴教的常衮以及李宗闵、李德裕，有宋代政绩显著的陈尧佐，以气节垂范后人的赵鼎、吴潜、文天祥、陆秀夫、张世杰等。他们在传播礼教、倡导文明上都对潮州有着长远的影响。

十相留声坊

韩愈别赵德塑像

唐宋潮州先贤

唐宋时期，潮州便开始了文化本土化进程。唐文宗在开成五年（840）的敕旨中指出"潮州是岭南大郡"。进入宋代，随着生产力的发展和生产水平的提高，潮州的社会文化发展水平已不逊于中原地区。据乾隆《潮州府志》所载，唐代潮州只有过三名进士，而宋代潮州就一共有140人登进士第（正奏进士95名，特奏进士45名）。"潮州八贤"正是当时文化教育普遍提高而产生的一大人文景象。八贤中，一贤是韩愈在潮州兴学的助手赵德，其余七贤为宋代人。许申，曾任广南西路转运使，官至刑部郎中终仕，是第一个扬名中原的潮人。许氏家族是潮州望族，许申的曾孙许珏娶了宋太宗的曾孙女德安县主，潮人称其宅第为"许驸马府"。吴复古，因文行卓越举孝廉，与大文豪苏轼、苏辙兄弟都有很好的情谊。张夔，曾任广东新州知州，为官清廉，名声远播，宋高宗曾把他的名字写在屏风上。刘允，曾任知州，审案决难排疑，设法为百姓减负，声誉很好。刘允的长子刘昉，任荆湖南路安抚使期间，主持编集《幼幼新书》，是我国古代儿科医学的一部重要著作。

八贤中名声最著者是王大宝，他是宋代岭南唯一榜眼，官至礼部尚书，是力主抗金的重臣，深为后人所敬重。八贤中还有林巽、卢侗，都是以直言朝事出名。"潮州八贤"的出现，标志着宋代潮地文化迅速发展，精英人才蔚然涌现。

许申

吴复古

卢侗

刘允

王大宝

皇明嘉靖乙未科題名

黃宸　大埔人　鄭元德

黃龍　潮陽人　兩辰進士

黃銳　楊陽人　李聯芳　澄海人

蘇時雨　潮陽人

曾球　海陽人　劉時進　海陽人

廖希天　程鄉人　馬有翼　潮陽人

陳其詔　海陽人　李思寅　海陽人　乙丑進士

蔡雄元　楊陽人　李思悅　海陽人

李焜　大埔人　王以萃　楊陽人

雁塔題名

明清潮州先贤

明代，潮州的经济得到了长足发展，文化教育事业也随之兴旺发达。据不完全统计，明代潮人有进士160人，举人162人。而嘉靖一朝就多达149人，其中进士34人，举人115人，几占总数一半，可说是人才济济的一个高峰期。此外，如崇祯元年（1628）戊辰科，同榜进士有辜朝荐、郭之奇、黄奇遇、宋兆禴、梁应龙、杨任斯、陈所献等，加上程乡县的李士淳，人们称之为"潮州后八贤"。列开李士淳，则称"潮州后七贤"。还有的将嘉靖甲辰科（1544）同榜进士林光祖、章熙、黄国卿、郭维藩、陈昌言、苏志仁、成子学称为"明代前七贤"，而将"潮州后七贤"称为"明代后七贤"。有的则将明代的翁万达、林大钦、萧端蒙、郭之奇、黄奇遇、许国佐、罗万杰称为"潮州后七贤"。这些称誉，难以规范，难以一致，但都说明潮州人才辈出的盛况。

明代名贤中，林大钦，嘉靖十一年（1532）高中状元，时年只有二十足岁。他在廷试策中陈明"均田、择吏、去冗、省费、辟土、薄征、通利、禁奢"这八项救弊的施政方针，直言不讳地指谪时政。中状元后授翰林院修撰，3年后辞官回乡奉母，卒于乡里。翁万达，不仅是军事家、政治家，且能诗善文。曾任兵部尚书，总督宣大（宣府、大同）、山西、保定军务，治军严谨，韬略过人，重纳降优抚、轻杀伐，有嘉靖朝"岭南第一名臣"之称。

状元坊

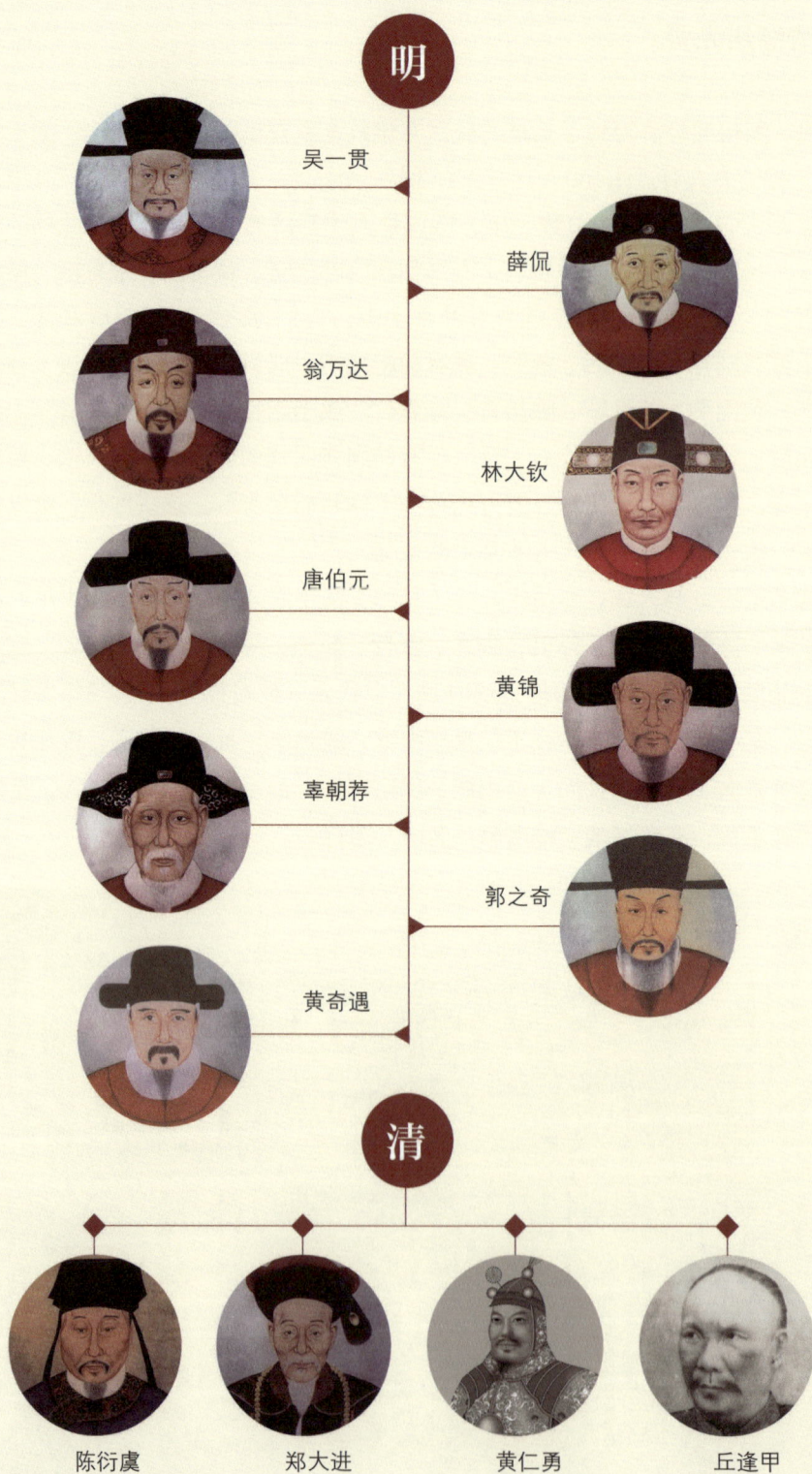

明

吴一贯

薛侃

翁万达

林大钦

唐伯元

黄锦

辜朝荐

郭之奇

黄奇遇

清

陈衍虞　　郑大进　　黄仁勇　　丘逢甲

薛侃开溪记石刻

薛侃，字尚谦，号中离，明正德十二年（1517）进士。先后在南京、赣州亲炙王阳明之教，深契良知学旨。在他倡导下，潮地掀起了王学的热潮，讲学风气大盛，并逐步形成以薛侃为首的潮州学者学派——粤闽王门学派。林熙春，万历十一年（1583）进士，任工科都给事，多有建言，曾因直言进谏而被降调，后官至户部侍郎，卒赠尚书。

清代名贤中，黄仁勇于嘉庆元年（1796）得武状元，授头等侍卫、福建金门镇中军游击，为官清廉，对加强海防成绩卓著，屡受赏赐。后辞官归田，为乡里农田水利建设贡献良多。郑大进累官至湖广、直隶总督，几经七省，多有改革，民间流传有不少他为官清廉、关心民众疾苦的故事。流传最为广泛的一个传说，是说他家乡山美村常受相邻大村池厝渡村欺凌，乡人想借郑大进这位高官的势力报复池厝渡村一番，他却反过来劝说村人："有千年池厝渡，无百年郑大进，还是睦邻为善。"池厝渡村民深为感动，旧怨尽释，传为佳话。丘逢甲，清光绪十五年（1889）进士，授任工部主事。晚清抗日保台志士、爱国诗人、教育家。曾率义军抵抗日寇，力战20余昼夜，孤军无继战败，遂内渡福建，后奉旨归籍海阳，曾主讲韩山书院、东山书院等，创办潮州东文学堂、岭东同文学堂。著有《岭云海日楼诗钞》《丘逢甲集》等。

近现代

王弘愿

佃介眉

张竞生

饶锷

詹安泰

陈唯实

陈复礼

饶宗颐

近现代知名人物

由于有前代深厚的文化积淀，在清末开始又有外界科学文化的传入，及后又由于孙中山先生所领导的民主革命大潮的影响和"五四"新文化运动的兴起、马列主义的传播，促成了潮州现代社会文化思想的形成和人才的大量涌现。

这些人物，有曾参加辛亥革命活动、率先提倡性科学和优生学、因编著《性史》和《美的人生观》《爱情定则》等一批著作而轰动一时的社会学家张竞生；有与艾思奇并称"南陈北艾"的马克思主义哲学理论家陈唯实；有在古文、经史、佛学研究上具有造诣的王弘愿；有创设"天啸楼"、藏书万卷的目录学家饶锷；有毕生从事古典文学研究和教学并专长诗词的詹安泰；有诗书画印兼擅、桃李满天下的佃介眉、王显诏；有画家张望、李开麟、黄家泽、吴维科、庄华岳、王流秋、林丰俗；有曾登上国际摄影沙龙十杰宝座，与郎静山、吴印咸并称华夏摄影界"三老"的陈复礼，他首创"影画合璧"的摄影风格，巧妙又大胆地将摄影与绘画联姻，成为中国摄影史和美术史中一道独特的风景。

饶宗颐学术馆

饶宗颐（1917—2018），号选堂，香港中文大学教授，多所大学名誉教授，中央文史馆馆员，是享誉海内外的国学泰斗。钱锺书说他是"旷世奇才"，季羡林说"心目中的大师就是饶宗颐"，国外把他誉为"汉学泰斗"。饶宗颐在当代国际汉学界享有崇高声望，还是书画大家，2011年被推选为西泠印社第七任社长。2011年，经国际小行星命名委员会批准，一颗南京紫金山天文台发现的编号为10017号的小行星被命名为"饶宗颐星"。

在我国自然科学领域中，潮籍著名学者也不乏其人，有中国难熔金属合金研究领域的开拓者庄育智，有被誉为"中国耐火材料之父"的无机材料学家钟香崇等中国科学院院士，有中国工程院院士、我国数字通信创建者之一的吴佑寿，有荣获"中国造纸蔡伦终身成就奖"的钟香驹，等等。

涵碧楼

红色文化

潮州是一个具有光荣革命传统的地方，从辛亥革命前四年的黄冈丁未起义到国共合作，从南昌起义军驻扎潮州、在茂芝召开军事决策会议到辟建中央苏区，从潮澄饶抗日武装斗争到凤凰山革命根据地的开辟，潮州都曾涌起波澜壮阔的革命洪流。这些英勇奋斗的光辉历程，蕴含着中国共产党潮州地方组织和潮州人民艰苦奋斗、不屈不挠、一往无前、勇夺胜利的革命精神。

革命先驱们在这片红色热土上进行了前赴后继、艰苦卓绝的英勇斗争，谱写了许许多多可歌可泣的红色篇章。他们中有华侨革命的先导许甦魂，忠诚的"非党布尔什维克"李春涛，有20世纪30年代左翼文化运动先锋的"左联"七常委之一、革命家和现代著名作家洪灵菲，有"左联"发起人之一及"左联"最后一任党团书记戴平万，有"左联五烈士"之一、在国内国际都具有影响力的作家冯铿，有早年从事左翼文化活动的卓越人民艺术家、新中国人民电影事业的开创者之一陈波儿，有左翼社会科学家联盟盟员、著名的马克思主义著作翻译家柯柏年，有早年加入北方"左联"的著名宣传活动家、翻译家、我国百科出版战线上的领导人梅益，有"革命母亲""红军阿姆"李梨英，有潮汕地区唯一走完长征全程的开国将军陈德，有红四方面军政治部秘书长李春霖，等等。在当代，还有在"八六"海战中身负重伤仍顽强奋战，被授予"人民英雄"国家荣誉称号的麦贤得。这些在中国现代、当代革命史和文化史上有着重要影响的仁人志士，他们果敢奋斗的身影足迹，跟潮州这方热土，跟潮州历代先贤血脉相连，为生生不息的潮州文化，注入了强大的红色基因。

潮州是承载红色记忆的革命老区，饶平县是中央苏区县，在轰轰烈烈的革命斗争时期，这里留下了众多的革命遗址，成为潮州红色历史文化地理标志。据2020年全国革命遗址大普查，全市共有革命历史遗址440处。其中革命史迹及纪念设施、纪念地共有426处，其他遗址14处。重要革命史迹有国民革命军东征军政治部、南昌起义军二十军第三师指挥部旧址——涵碧楼、黄埔军校潮州分校旧址——李厝祠、饶平黄冈丁未革命旧址、茂芝军事决策会议旧址等；重要纪念设施有潮州革命烈士纪念碑、凤凰山革命纪念公园、广东人民抗日游击队韩江纵队第一支队烈士纪念碑；主要先驱故居有：李梨英故居（铁铺镇大坑村），陈德故居（古巷镇古二村），张竞生故居（浮滨镇大榕铺），徐光英故居（浮洋镇徐陇村），许甦魂故居（庵埠镇凤岐村），刘察巷李春涛、柯国泰等革命志士之家（市区）。

许甦魂

李春涛

徐光英

洪灵菲

戴平万

冯铿

陈波儿

柯柏年

梅　益

陈　德

李梨英

周礼平

潮州七日红

1927年8月1日，周恩来、朱德等在南昌领导了武装起义，这是中国共产党对国民党反动派打响的武装革命的第一枪。起义部队在周恩来、贺龙、叶挺、彭湃、郭沫若等率领下南下广东，于9月23日进入潮州城，24日攻占汕头。9月30日，在敌强我弱的情况下，起义军被迫撤出。这期间，由于有大革命时期工农群众运动的基础，汕头市和潮安县分别建立了中共的市、县委员会。红色政权虽仅维持了七天，但它点燃了潮州革命的熊熊烈火，史称"潮州七日红"。南昌起义军进军潮汕，为本地区人民开展武装斗争、组建红军和创建革命根据地提供了有利条件。

潮州涵碧楼 位于潮州西湖公园内，始建于1922年，属灰砖水泥结构的洋式双层小楼房。南昌起义军二十军三师指挥部设在该楼。该楼于抗战时被日军炸毁，1964年按原貌重建，郭沫若为涵碧楼题写匾额。该楼现辟为潮州七日红纪念馆，成为潮州人民纪念革命先烈、接受革命传统教育之所，被潮州市列为爱国主义教育基地，2002年被列为省级文物保护单位。

涵碧楼

茂芝会议纪念馆

茂芝会议

1927年8月，南昌起义军主力转战广东失败后，朱德所率领的起义军余部处于极端危难之中。10月7日，朱德在广东饶平茂芝圩主持召开干部会议，坚决反对"解散部队各奔前程"的"散摊子"思想，做出了"隐蔽北上，穿山西进，直奔湘南"的重要决策。茂芝会议保住了南昌起义的旗帜，保住了武装斗争的火种，因此才有了"赣南三整""朱范合作"和湘南起义，才有了井冈山会师和中国工农红军第四军。茂芝会议是中国人民解放军建军史上一次重要的军事决策会议。

茂芝会议旧址——全德学校

茂芝会议场景

中央秘密交通线

土地革命时期，潮安的党组织和人民群众在中共中央建立的上海—香港—汕头—潮安—大埔—永定—瑞金的红色交通线上发挥了重要作用，为中国革命建立了不可磨灭的功绩。一个个党的领导干部、一份份党的重要文件、一批批苏区急需物资通过这条秘密交通线，通过潮安的铁路和水路，通过潮安秘密的交通站，源源不断地送到中央苏区。

从1930年冬到中央红军长征，由上海经这条交通线进入中央苏区的领导干部有200多人，加上留学生和其他进步人士，由这条交通线进入苏区的革命同志数以千计。项英、任弼时、王稼祥、徐特立、邓小平、李富春、周恩来、刘伯承、聂荣臻、蔡畅、董必武、刘少奇、杨尚昆、张闻天、博古、陈云、瞿秋白，还有德国籍的军事顾问李德，都经这条交通线进入苏区。

潮汕铁路意溪站旧址

凤凰山革命纪念公园

凤凰山革命根据地

凤凰山革命根据地是潮汕地区革命的摇篮，是中国共产党领导潮汕人民进行土地革命战争、抗日战争和解放战争的根据地之一。

土地革命战争时期，中共潮澄澳县委和潮澄饶县委领导在浮凤根据地建立苏维埃政权，这是中共饶和埔诏县委（饶平、平和、大埔和诏安）在饶平县境内开辟的苏区和中央苏区的重要组成部分。抗日战争时期，党领导的潮澄饶抗日游击小组不断发展壮大，成为广东人民抗日游击队韩江纵队第一支队。在抗战胜利后，这支革命队伍开赴北部山区，辟建凤凰山革命根据地和大北山革命根据地，发展成为中国人民解放军闽粤赣边纵队的第四支队和第二支队，夺取了潮汕新民主主义革命斗争的全面胜利。解放战争时期，凤凰山革命根据地是潮汕武装斗争的中心，在这里，打响了恢复斗争第一枪，取得过多次反"围剿"的胜利。

为了缅怀先烈、教育后人，2003年，在凤凰山革命根据地建成凤凰山革命纪念公园。公园位于潮安区凤凰镇区东侧，已成为广东省爱国主义教育基地、中共党史教育基地。

岭海名邦

陈桥贝丘遗址出土遗物

文化遗存

陈桥贝丘遗址

距今6 000～5 500年，潮地出现陈桥文化。陈桥贝丘遗址的文物堆积层厚达1.4米，贝壳和灰黑色黏土黏结在一起，其中遗物非常丰富，有石器、骨器、陶器，牛、猪、鹿、鱼、龟等动物骨头，还发现属于10个个体的已经轻微石化的人骨，这就是著名的"陈桥人"。发现的石器大部分是打制石器，也有少数磨制石器，石料多为石英粉砂岩。陈桥人也使用骨器。出土的陶器全是粗砂陶，胎色很杂。陶器表面磨光，部分施红彩，纹饰多贝纹。潮汕地区另有几个贝丘遗址：潮安的石尾山、海角山、梅林湖，枫溪的池湖，澄海的内底、梅陇、管陇，揭阳的洪岗等遗址，与陈桥遗址文化面貌接近，应属于同一种文化。其文化特征跟广泛分布在台湾海峡两岸以至广东沿海的很多贝丘遗址相同。这种文化现在被考古学界称为"大坌坑·富国墩文化"。考古学家认为，这些遗址的主人，可能是现代使用南岛语的各民族的祖先。

浮滨文化遗址

距今3 390～2 870年，即在商中期至西周之间，位于粤东的韩江、榕江与闽南的九龙江、晋江四个流域连成一片，存在一种文化特征相同、埋葬习俗相似的考古文化。其文化内涵是：典型陶器、釉陶、装饰花纹、刻画符号；石器生产工具、兵器、装饰品、礼祭用品；青铜器的出现以及墓葬。其中以饶平县浮滨镇为著，被考古学家称作"浮滨文化"。浮滨文化共出土25件青铜器，包括戈、戚、矛、匕首、斧、肩斧、刀、铜铃，又先后发现 5 件牙璋，皆为石质。考古学家们推断浮滨文化已属于青铜文化，并由此推论广东地区自商时期已跨进青铜文明的门槛，同时也说明浮滨文化在当时已经和中原产生了非常密切的联系。而对于潮州地区的陶瓷历史和文化而言，浮滨文化也为其作为中国瓷器起源地之一提供了一个更为经得起推敲的证据。

磨制石戈

磨制石箭镞

浮滨文化遗址出土遗物

釉陶带把壶

釉陶大口尊

釉陶高足豆

潮州古城墙

潮州古城墙

潮州古城墙的历史至少可以追溯至唐代。草创之初，是夯土城墙，宋代开始以陶砖易土。至南宋，终于形成长约 5.3 千米的城郭，仅城门就有 11 个之多，可知那时古城商贸、交通已相当发达。明代以石筑城，清代又加以修筑。直至民国初期，因拆城墙修建马路及其他市政设施，只保留下滨江一面长 2 100 余米的城墙以作防洪之用。从上游汹涌而来的洪潮扑向古城时，防兵之城成了挡水之堤。这种"城堤"古迹，在国内据说只剩下 9 处，以潮州古城为典型，至今仍在发挥城堤之功能。

潮州古城墙

宋代青白釉"麻姑进酒"壶

笔架山潮州窑遗址

笔架山潮州窑遗址位于潮州市桥东笔架山西麓。窑场始创于唐，极盛于宋。窑址鳞次栉比，相传有九十九条窑之多，故称"百窑村"，可同时容纳几十万件瓷器同时烧制，是当时我国南方陶瓷生产和出口的重要基地。2001 年被列为全国重点文物保护单位。2017年潮州市笔架山潮州窑考古遗址公园成功入选国家文物局公布的第三批国家考古遗址公园立项名单，是粤东地区首个获准立项的国家级考古遗址公园，也是广东省获此殊荣的两个单位之一。

笔架山潮州窑发掘现场

笔架山潮州窑内景

宋代青白釉莲瓣炉

宋代青白釉莲花炉

宋代酱褐釉小瓷马

宋代青白釉双狮戏球枕

柘林古港

　　"未有汕头埠，先有柘林港"，柘林港不仅是历史上的海防要塞，更是古代广东、福建、江西以至华南地区的出海港，是潮汕地区最早的对外通商深水港口之一，被誉为"海丝之路"粤东第一港。柘林港位于柘林湾内，碧波万顷，浩浩荡荡，面积约68平方千米。早在元代，因海运发达，柘林港内及东小门海面礁石上建有"龟塔""蛇塔"，山上建"镇风塔"，为当时进出港口的船舶安全导航，见证了柘林港的海上贸易史，潮州货物在此由"红头船""大龟船"转运北上津沪，南下吕宋、安南、马来西亚等地。

柘林港边镇风塔

金山摩崖石刻

金山，古代又称金城山，相传为金姓所居，故名。金山矗立在潮州城北，东北临韩江，高 130 多米，周围长约 2 000 米，形如覆釜。隋唐宋曾为郡治所在，历来是游览胜地。山上多巨石，是摩崖勒石好去处。山上石刻，自唐以下历代皆有，旧有 100 多块，现存 30 块（其中摩崖石刻 17 块，碑碣 13 块），其中有宋代大书法家米芾的"第一山"、朱熹笔迹"拙窝"及明代"凤台壁立"等题刻，有宋代大中祥符年间知军州事王汉的《金城山记》、郑伸的《筑城记》、元代林仕猷的《三阳兵乱》，还有科举题名和题诗石刻。这些既是记录潮州历史的珍贵资料，也极具观赏研究价值。1997 年被列为潮州市文物保护单位。

金山摩崖石刻——清辉同趣

金山摩崖石刻——第一山

葫芦山摩崖石刻

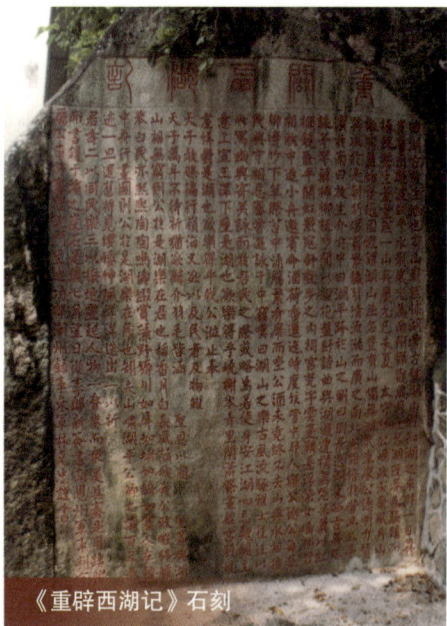

《重辟西湖记》石刻

葫芦山摩崖石刻

　　潮州城西葫芦山因其外观像横卧的大葫芦而得名。旧称银山，山下有西湖，故又称湖山或西湖山。既是旅游胜地，又是摩崖石刻荟萃之所。山多岩石，或拔地而起或峥嵘突兀，或悬崖峭壁或傍水临波，成为历代墨客骚人留题勒石的好去处。自唐宋以来，历朝名宦鸿儒留题甚多。历经劫难，至今尚存138处石刻，内容有写景、纪事、题名、志物、文告、诗词、题咏等，真、草、隶、篆各种书法字体俱全，记载了潮州历史上的政治、经济、文化、民情风俗等情况，是一部潮州历史文化的地方史册，也是广东省三大著名摩崖石刻之一。1962年7月被列为广东省文物保护单位。

风吹岭古渡口摩崖石刻

　　风吹岭位于饶平县所城镇西南与柏林镇交界处，因海阔山高风大而得名。古为东里通往东京（南海岛屿，已沉没，有民谚云"沉东京，浮南澳"）的古渡口。此处依山傍海，地势险要，是古时闽粤交通要道和兵家战略要地。这里摩崖石刻众多，有抗倭缉盗的"摩崖史篇"，也有历代文人墨客、达官贵人的题刻，既是文物保护单位，也是旅游胜地。

风吹岭古驿道

风吹岭摩崖石刻——闽广达观

婆姐岭永安门

婆姐岭古道

婆姐岭古道位于潮安区文祠镇下赤村婆姐岭，穿越岭腰上的"永安门"，直通意溪，连接潮州城；另一侧通文祠，与往凤凰饶平之路相连。全长约180米，宽约1米，古道由天然石块不规则铺砌而成，有170余级。石级上遍刻各种各样的图案，石刻的大小均依石而定，构图不拘一格，线条简朴洗练。岭上筑了一座石门楼，名为"永安门"，建于清光绪二十三年（1897），是一座古关隘，基本结构至今保留完好。

麒麟岭古驿道

麒麟岭俗名吐火岭，位于饶平县上饶镇康东村东北面，始建于明代，因岭形似麒麟而得名。麒麟岭四面环山，下有潺潺流水，弯龙桥连接上岭石级，全长2.5千米，为南粤古驿道（梅州大埔古驿道—潮州饶平西片古驿道—潮州饶平麒麟岭古驿道）重点地段之一，也是1927年10月中共饶平县委领导和革命群众送别朱德南昌起义军的地方。2017年列入南粤古驿道示范段，2018年打造成重点线路。

麒麟岭古驿道

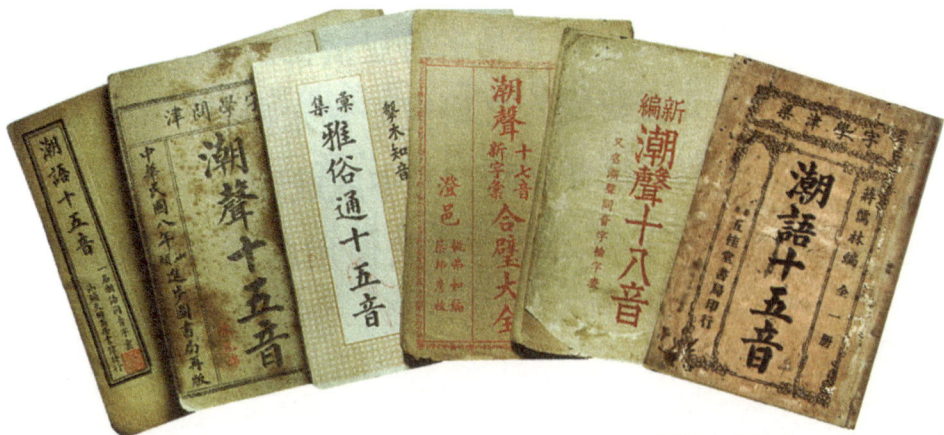

潮州方言字典

方言文化

潮州话

潮州文化最重要的标志之一，便是被称为"潮州话"的方言。

潮州话，学术名称是粤东闽南方言，隶属于汉语七大方言之一的闽方言下属的闽南次方言，属汉语方言八大语系之一的闽南语之次方言。潮州话有18个声母，59个韵母，8个声调，保留着许多现代标准汉语（普通话）所没有的古语音、古字音、古词汇和古声调。据有关史料载，潮语是潮人的母语，它初始于先秦时期，成形于隋、唐、宋，到了明末清初，才形成自己独立的语言体系。潮州方言在清末已拥有自己的字典《潮州话初级教程》（作者磷为仁，美国传教士，1841年暹罗曼谷出版）、《汉英潮州方言字典》（作者约西亚·高德，美国传教士，1847年曼谷教会组织出版），以及《潮州语言声韵之研究》《潮汕方言词考释》等研究地方语言的专著。

潮州话之音调、结构及含义自成一体。潮州话是现今全国最古远、最特殊的方言之一，也是被公认的中国乃至世界最难学的语言之一。一是因为其历史悠久，很大程度上与古汉语文言文相近，保留了隋唐时期的官话——雅音，为中古汉语之孑遗。二是它有着复杂的八个音调。古代汉语有平声、上声、去声、入声四个声调，普通话有阴平、阳平、上声、去声四个声调，而潮州话则有八个声调：上平、上上、上去、上入、下平、下上、下去、下入。

　　潮州话与普通话的语音系统，是同文不同音的两个读音系统，由此引出潮州方言语音系统的一个重要的特征——文白异读。所谓文白异读，是说同一个字有文、白两种不同的读音。前者体现了潮州方言的古汉语积淀，用于读书讲学、诵文吟诗；后者用于日常生活中的土话、白话。而这种现象至今变化不大，究其原因，一是潮州方言语音沿袭了使用上的保守性，二是在潮人的各个阶层中几乎都有儒雅与俚俗并存的风尚，例如读书人说话不避粗口，潮剧唱词以文读押韵，道白以白读居多。文白异读因颇适合潮人的生活特性而得以保存下来。

潮州歌册

　　潮州歌册是用潮州方言演唱的长篇叙事韵文，俗称"唱（潮音读'笑'）歌册"，是从变文弹词演变而来。潮州歌册吸取本地的民间艺术营养，不断地丰富和发展其表现力和艺术性，成为潮州民间文学中一种独立的文学样式。其歌文多为七字句，四句为一节，每节用一韵，偶尔也有三字、四字、五字等句式。潮州歌册故事情节完整，艺术感染力强，音韵整齐，通俗顺口，深受潮州地区人民群众欢迎。广泛流传于潮汕地区和闽南地区，并随着潮人移居海内外而广泛流传至东南亚各国及港澳台地区。潮州歌册的诵唱者主要是妇女，也可作作品欣赏。2008年被列入第二批国家级非物质文化遗产名录。

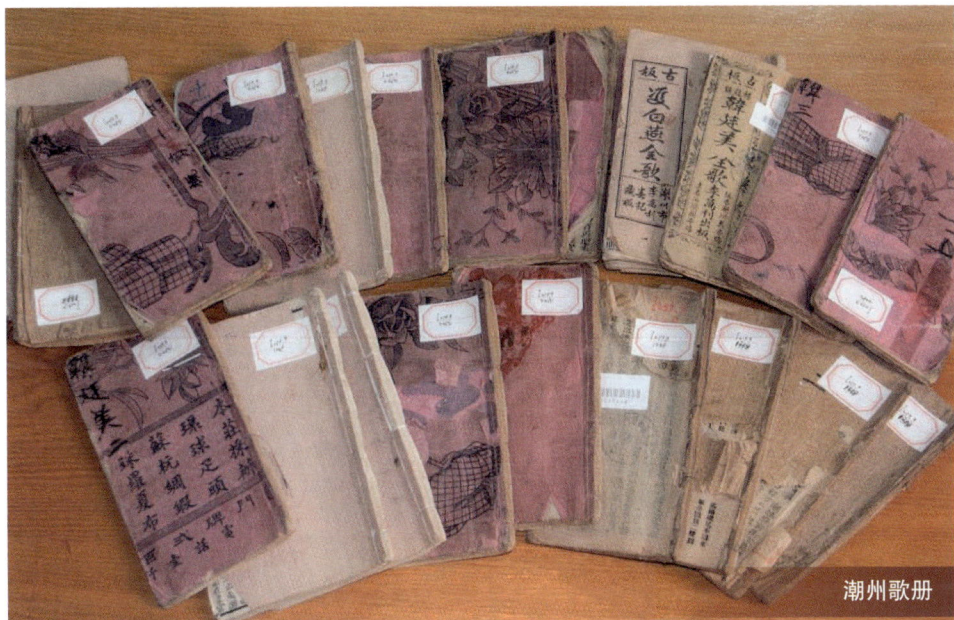

潮州歌册

潮州歌谣

潮州歌谣俗称"歌仔""畲歌仔"，是以潮州方言为载体、流行于潮汕地区及海外潮人聚居地的民间歌谣。潮州歌谣大量使用古语词、土语词和外来词，不讲究平仄，但力求押韵、节奏、叠音等声律之美，句式灵活，广泛使用重叠、起兴、顶针、比喻、对比、铺排、比拟、夸张等辞格，具有古朴典雅、乡土气息和海洋文化韵味浓郁的风格特征。按内容可分为爱情歌、时政歌、生活歌、过番歌、仪式歌、滑稽歌、儿童歌和风物歌等，反映了当地生产民俗、人生礼俗、节日习俗、民间信仰、民间艺术、游艺、谜艺等民俗的方方面面，具有鲜明的民系族群地域特征，具有较高的文学价值、语言价值、民俗价值和教育价值。2015年被列入广东省第六批省级非物质文化遗产名录。

潮语讲古

"古"在潮州话中的意思是"故事"，潮语讲古就是以潮州方言讲故事，形式与北方"评书"或"说书"基本相同，是潮汕地区传统口头讲说表演艺术形式，具有浓厚的地方特色，是方言文化的一部分。旧时讲古艺人多为谋生计的穷困文人或败落子弟，每讲到一个段落至精彩处，便停下来向听众收赏钱。听众多为老年人、体力劳动者和小贩。讲古的传统书目多为长篇章回小说，多用"谐音""戏白"，配以脚手动作，通俗而不粗俗，经常会用押韵，但并非为押韵而押韵，而是为情节服务。

畲　歌

畲族是我国五十六个民族大家庭中的一员。畲族人民能歌善舞，每逢佳节之日，探访亲友之时，他们就用自己的语言唱山歌，抒发喜悦之情。畲族没有本民族文字，畲歌随着畲语代代传承，以歌代言，以歌论事，还有自己的民俗歌会，形成了本民族独特的民歌文化。畲歌基本格律和古诗的七言绝句类似，一般七字为一句，四句为一条，每首歌严格按照畲语押韵。有的歌内容较长，包含十几条或数十条，例如《高皇歌》，长达104条。2022年5月，潮州市潮安区申报的畲族民歌被列入广东省非物质文化遗产名录。

潮州歌谣《红屐桃》表演

潮语讲古

畲歌表演

潮州文艺

潮 剧

　　潮剧又名潮州戏、潮音戏、潮调，主要流行于潮州方言区，是用潮州话演唱的一个古老的地方戏曲剧种。潮剧系从宋、元南戏演变而来，吸收了弋阳、昆腔、正字、西秦、外江诸剧种之长，发挥地方方言的优势，结合本地民间艺术，最终形成自己独特的艺术形式和风格。潮剧的传统剧目，一是来自宋元南戏与元明杂剧，二是来自地方民间传说。其语言注重本色及文采，大量运用方言、

俚语、歇后语，生动形象，意趣盎然。唱腔及伴乐轻婉低回，抒情优美，富于变化。唱腔分轻六、重六、活五、反线等不同情绪的曲调和头板、二板、三板等不同板式。伴乐分唢呐领奏的牌子曲和二弦领奏的弦诗乐两类。打击乐分大锣戏、小锣戏、苏锣戏三种不同表现形式。领奏乐器二弦为全国所罕见。潮剧比较齐全地保留着南戏传奇流传下来的角色行当分类，生、旦、丑、净都有各自的应工戏目，每个戏目也有一定的特殊演技，尤以旦、丑两个行当更为突出。生、旦表演突出轻歌曼舞、机巧灵活等特色，丑角形体动作多变，唱腔艺术全国闻名。舞台美术民间特色突出，其服饰皆采用潮绣等精巧工艺制成，既清雅又大方。1957年，广东潮剧团赴京演出，梅兰芳为该团题词"雅歌妙舞动京华"。2006年被列入第一批国家级非物质文化遗产名录。

潮剧《益春》剧照

潮州音乐

　　潮州音乐是汉族音乐在潮州方言区域内形成的具有地方特色的器乐的总称，广泛流行于闽南、粤东、广州、上海、台湾、香港、澳门等地及东南亚各国的潮人聚居地，"有海水的地方就有潮州人，有潮州人就有潮州音乐"。潮州音乐的源头可追溯到唐宋，明清时期发展成熟。它是我国民族民间音乐中一支别具特色的地方乐种，深受民众喜爱和音乐专家赞赏，有着"中华民族民间音乐瑰宝"之称，为华夏正声，被誉为"不受污染的绿色音乐"。

　　潮州音乐以内涵丰富、品种多样著称，有锣鼓乐、笛套古乐、弦诗乐、细乐、庙堂音乐、外江音乐等。潮州锣鼓乐又可分为潮州大锣鼓、小锣鼓、苏锣鼓、花灯锣鼓和鼓伴音乐等。不同种类的差别主要体现在不同的乐器和不同的演奏形式、演奏风格上，为国内其他地区所罕见。潮州音乐至今还保留着中国音乐原有的记谱形式，如工尺谱，并且保留了潮州独有的二四谱记谱法。2006年被列入第一批国家级非物质文化遗产名录。

民间潮乐大赛

潮州细乐

潮州大锣鼓

潮州大锣鼓

潮州大锣鼓是长期流行于潮州民间的吹打乐，打击乐器有大鼓、深波锣、大斗锣、吭锣、大小钹、九仔锣等，具有独立完整的体系和表现特色。以其多姿多彩的锣鼓与管弦配置方法、规范性的铜器应用及丰富的演奏技法及柔和音色，成为我国著名鼓乐之一。2022年被列入广东省非物质文化遗产名录。

潮州铁枝木偶戏

潮州铁枝木偶戏

潮州铁枝木偶戏俗称"纸影戏"，是我国木偶艺术的稀有品种，因采用三段铁枝安在木偶人物背后和双手的竹孔上进行动作操纵而得名。由南宋时期随中原移民传入的皮影戏演变而来。清代时，随着玻璃的广泛使用，艺人们将纸幕改为玻璃屏幕，影像改为"捆草为身，扎纸为手，削木为足，塑泥为头"，并穿上戏装，由"影现"发展为"形现"，称"圆身纸影"。此后又模仿潮剧的舞台装置与表演程式，将玻璃去掉，改为"阳窗纸影"，并采用铁枝操纵表演，但仍保持皮影戏在背后操纵的特点。

潮州铁枝木偶戏以其糅合了优美的潮剧唱腔、潮州音乐和独特的表演技法而闻名，成为民族民间宝贵的文化遗产，广泛流传于粤东到闽南一带，至今仍活跃在潮州各种民俗活动中。2006 年被列入第一批国家级非物质文化遗产名录。

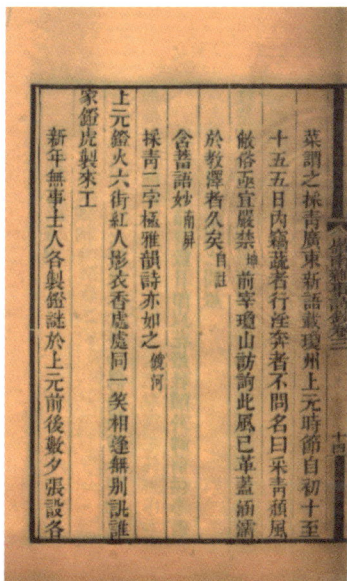

清·陈坤《岭南杂事诗钞》

潮州灯谜

潮州灯谜产生于宋代。昔时在元宵夜，花灯上会贴上书写的谜面，任猜射人围猜。清代陈坤曾有诗"上元灯火六街红，人影衣香处处同。一笑相逢无别讯，谁家灯虎制来工"，咏的就是元宵夜灯谜盛况。原悬挂谜灯，后改为张贴谜笺。体裁除了文字谜、画谜、印章谜外，还有实物谜。潮州灯谜最大的特色，是保留了宋代临安"击鼓司猜"的遗风，用鼓声来通报猜谜情况。灯谜在潮州有广泛的群众基础，每逢节日喜庆，街头巷尾，处处灯盏处处欢，鼓声笑语不断。

潮州灯谜

舞龙

鲤鱼舞

麒麟舞

潮州民间舞蹈

潮州民间舞蹈兴盛，与旧时潮州民间盛行祭祀活动，如乡村游神赛会有密切关系。民间舞蹈主要有舞龙、舞狮和英歌舞、鲤鱼舞、布马舞、麒麟舞等，还有用于宗教、祭祀和婚丧仪式的舞蹈。各类舞蹈中，最具地方特色的是英歌舞和布马舞。

英歌舞 是汉族舞蹈形式之一，是一种融舞蹈、戏曲、武术搏击素材于一体的大型集体舞，流行于潮汕地区。舞者双手各持一根短木棒，上下左右互相对击，动作健壮有力，节奏强烈，极富阳刚之美。传统的英歌舞取材于《水浒传》中梁山好汉借闹元宵攻打大名府搭救卢俊义的故事，舞者扮演成梁山好汉。英歌舞经过不断演变和创新，表演形式十分丰富。大规模的英歌队由108人组成，小规模的由34人或36人组成。主体队员手持两节短棒，在锣鼓点、海螺号、哨子声和吆喝声中以两棒作武打动作，一步一呼，舞蹈前进，颇有翻江倒海的气势。

英歌闹古城

英歌舞

布马舞 是饶平县一种集民间舞蹈、民间音乐、民间工艺于一体的传统舞蹈艺术。布马舞始于宋末元初，由江西传入布马舞雏形，在饶平落地生根后经改良发展而成。其最主要的道具是"布马"，主要动作也是围绕"布马"而展开，有"抖鞭走马""跳转身""抽鞭纵跳""扬鞭跑马"等，主要队形有"长蛇开阵""闯跳四门""传花编索""粉蝶采花"等。这些动作相互变换、交叉穿插，形成生动活泼、激情奔放的舞蹈情景。

布马舞

布马舞

民间习俗

潮州人重视传统礼节，四时八节、来往交际、婚丧喜庆、生育成长等皆有一定的礼仪风俗，具有浓郁的地方特色。凤凰山畲族仍保留着本民族的语言和风俗；渔村疍家仍保留其原始的一些习俗；饶平北部客家也有其独特的风俗。这些习俗，既有自古留下来的潮地独有的日常礼俗，也有不少是源自中原礼俗的遗存，还有一些受到海外潮侨的影响，无不带着潮州民系形成、发展融合的烙印，浸透着潮人人生观念和社会观念，蕴含着民族文化心理，寄托着潮人追求美好生活的愿望。这些习俗，也随着潮人"过番"的足迹流传至世界各地。

潮州人重祭祀，逢年过节或有特定的节日必拜神祭祖。多神崇拜在潮地很突出，极具特色，旧俗民间有各种游神赛会的活动。潮州人热情好客，敦亲睦邻，每有婚丧喜庆大事，亲朋好友则互相礼贺酬答。待客、诞生、育儿、成年、婚姻、老年、丧葬等有很多烦琐的礼仪。随着时代的发展，社会的进步，民风习俗与时俱进，很多习俗都已简化，一些陈规陋习得到革新，新风尚日益兴起。

时年八节

在潮州流传这样一句话：过日子，勿忘时年八节。潮州俗语的"时年八节"指春节、元宵、清明、端午、中元、中秋、冬节（冬至）和除夕八个重要节日。

节庆

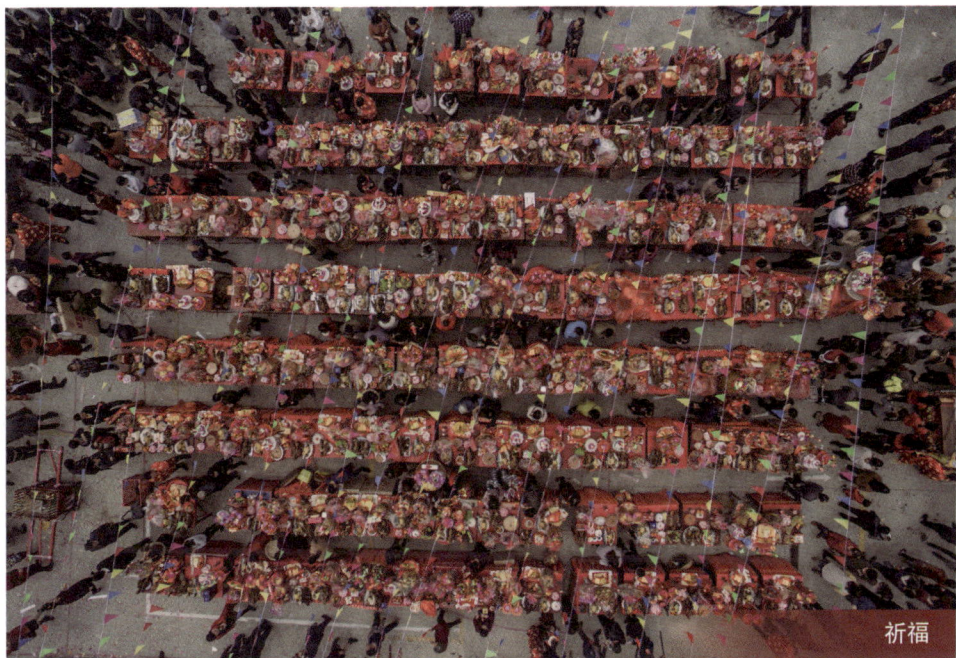

祈福

这八个节日各有不同的文化娱乐风俗，但有一点是相同的，那就是都必须循例祭拜祖宗。把时年八节视为大节日，反映了潮人追本溯源、慎终追远的传统伦理观念。

春节　农历正月初一是我国最重要的传统节日，称为"春节"。潮州人习惯把除夕和春节合称为"过年"。潮地"过年"最注重的习俗是祭祖和拜年。春节一早，走亲访友，互相拜年，拜年时要带上潮州柑（称为"大吉"）互换互敬（称"换大吉"），寄寓着"共同吉祥"的互相祝福。现在，年轻人已渐淡化旧俗，代之以通过手机等现代工具互赠祝福，但互祝的愿景永不变。

春节，许多地方都组织文娱活动，如营大锣鼓、舞英歌、舞龙、舞狮、迎神等，一般要热闹四五天。

元宵节　正月十五日元宵节，也称上元节，俗称"灯节"，潮州人叫"过十五"，有"小初一，大十五"之说。潮州闹元宵的最大特色当属游花灯、赏花灯，城乡的主要街道和集市都有自成一格的潮州花灯、纱灯，充满节日喜气。农村旧时家家户户都点亮自家的灯笼，排成长龙，由潮州大锣鼓伴奏游遍全村，甚为壮观。元宵节期间，城乡各地还举办丰富多彩的民俗活动，如吊喜灯、做丁桌、求喜物、行桥度厄、看新娘、掷喜童、荡秋千、猜灯谜、食甘蔗等。

民俗"穿蔗巷"

清明节　清明扫墓，潮人俗称为"挂纸"（过纸），时间为清明节前后三天均可。旧时要到祖宗墓地上填土整坟，扫除杂草，用红漆刷新祖墓石碑字，并在墓碑及墓堆上挂黄白两色纸条，举行祭礼。海内外潮州人也有清明回乡扫墓、祭祖的习惯，以示不忘先人、不忘故土。每到清明节，老百姓不仅祭祀自己的祖先，不少学校、单位和个人也到烈士陵园祭扫、缅怀先烈。因南方春来早，野外一片苍绿，故潮地也有踏青、蒸朴枳粿等习俗。

端午节　农历五月初五，潮州地区俗称五月节。潮人称粽子为粽球，端午要包粽球。潮地较有特色的当数"凉粉粽"和"栀粽""栀粿"等粿品。民间有"未食五月粽，破裘唔甘放"的气象谚语。潮汕平原江河交错，端午节多有赛龙舟活动，也有插艾草、菖蒲和沐"龙湫水"保平安等习俗。饶平县所城镇还有端午游旱龙习俗。

赛龙夺锦

中元节　农历七月十五日为中元节，俗称"七月半"，潮州有"施孤"习俗。古时，"盂兰胜会"只设在佛寺道观，不似潮州家家户户在自家门口摆上祭品以祭孤魂野鬼，至今在潮州地区和港澳、东南亚地区的潮人仍有不同规模的活动。2010年5月，文化部将香港特别行政区申报的"中元节（潮人盂兰胜会）"列入国家级非物质文化遗产名录。

中秋夜烧瓦塔

中秋节 农历八月十五日为中秋节，潮州民间习俗除传统的拜月赏月、吃月饼外，还有烧瓦塔（窑）、剥芋等。中秋烧瓦塔，相传为纪念当年潮州先民燃放烟火作为相约杀元兵的信号。瓦塔要烧得通红，寓意日子红红火火。

冬节 二十四节气中的冬至也是我国一个传统节日，其重要性仅次于春节。潮州冬节有很多民俗活动：一是吃冬节丸，祈求家人团聚、家族和谐团结；一是在农村，冬节丸除食用外，还有个特别的用途，即在门框、各种用具以及家畜身上粘上糯米丸，祷祝家门平安、五谷丰登、六畜兴旺。潮俗中冬节也有上坟扫墓的活动，谓之"过冬纸"。

除夕 潮州俗称"过年"。除夕和春节相连，潮州人称之为"年夜"或"大年三十"。主题是除旧布新，团圆喜庆。主要习俗有祭祖、贴春联、围炉、守岁、送压岁钱等。

冬节搓甜丸

"出花园"习俗

"出花园"是潮州传统的成人礼俗。男女孩子在15岁（虚岁）之年的七夕或择日举行"出花园"仪式，意味着少男少女即将告别少年时期，步入成年，走上社会，去开创自己的新人生。潮俗"出花园"仍包含着这些传统礼仪：问卜占卦，沐浴更衣，拜祭公婆神，吃"头彩食"等。这一天，"出花园"的孩子是主角，要坐席上的主位。2009年，潮州"出花园"习俗被列入广东省第三批非物质文化遗产名录。

直到现在，东南亚的潮州会馆仍会为当地适龄孩童举办"出花园"仪式，这也是让世界各地潮人紧密联结在一起的精神纽带。

出花园洗脸水

出花园必备物品

青龙庙会

潮州青龙古庙，也称安济圣王庙，始建年代不详。潮州府县志及清人笔记中明代有"滇人有宦于潮者，奉（王伉）神像至此，号安济圣王，立庙镇水患，遂获安澜"之记载。青龙庙会于每年农历正月二十四日至二十六日，以主事掷珓杯取一吉日为期，以遍布潮州各地的神前（社）为依托，庙会活动影响遍及潮汕地区，并受到侨居海外的潮、客属人士的关注。庙会通宵达旦三昼夜，各神社摆香案、设茶座，并请戏班或木偶戏搭台演出，招引游客观赏，接待游神队伍，叩迎圣（神）驾。庙会既承载着闽粤地区对蛇神的传统崇拜，又与潮人崇尚祭祀一心为民的地方神祇密切相关，并以其独特的祭祀格局而享有盛誉，庙会也成为海内外潮人凝聚乡情的重要纽带。2012年被列入广东省非物质文化遗产名录。

妈祖信俗

妈祖是流传于中国沿海地区的传统民间信仰。妈祖文化肇于宋，成于元，兴于明，盛于清，繁荣于近现代。近千年来，人们若要出海，都会在船舶起航前祭妈祖，祈求保佑顺风和安全。据考证，宋宣和五年(1123)，宋徽宗赐妈祖"顺济庙额"，此后直至元明清，均对妈祖不断加封。潮汕地区作为广东最靠近妈祖诞生地福建的地方，深受妈祖文化的影响，潮汕地区现有超过700处供奉妈祖的场所。可以说，凡在出海之处，妈祖庙便成为"标配"。2009年9月30日，联合国教科文组织保护非物质文化遗产委员会第四次会议审议，将"妈祖信俗"列入世界非物质文化遗产，成为中国首个信俗类世界遗产。

东门天后宫

揭西三山国王祖庙

三山国王信仰

　　三山国王是粤东地方"守护神"之一，也是典型的跨郡望俗神。其庙宇广布于粤东的惠、潮、嘉三州府城乡。俗传三山国王的原型本为隋朝时粤东连、乔、赵三人，因救驾有功而封王，镇守粤东的巾山、明山、独山，故揭西县河婆镇的"霖田祖庙"又称三山国王祖庙。三山国王是潮汕地区很多乡村里的"地头老爷"，每年正二月营老爷必定有三山国王。随着潮人的播迁，在中国台湾和东南亚潮人聚落都建有三山国王宫，仅台湾就有145座（包括神坛400多座）。历经千百年，形成了一套古老而又独特的祭典仪式。2007年被列为广东省第二批省级非物质文化遗产。

招兵节赏钱粮

畲族招兵节

招兵节是凤凰山畲族世代相传的最具民族特色且最隆重的民俗节日。招兵节是属于氏族神灵的宗教民俗活动，旨在纪念畲族先祖的垂世功勋，请神兵神将庇佑畲村安宁，人丁兴旺，五谷丰登，六畜平安，并借此增强民族凝聚力。

招兵节仪式气势宏伟，氛围庄严，仪式整个过程分七大段三十小项，一般需要一天一夜或三天三夜。凤凰山畲族招兵节活动融合了粤北、闽、浙、赣、皖等地畲族现今保留的祭祖、请祖、奏名传法的祭祖仪式和清醮道场、禳灾型法事等相关情节和场面。集凤凰山畲族文化大成，涵盖畲族的宗教信仰、神话传说、语言、民歌、舞蹈、武术、音乐、服饰、饮食、迁徙历史等内容，从多个方面展示凤凰山畲族原生态文化的面貌。2007年被列入广东省第二批非物质文化遗产名录。

潮州民居建筑

　　潮州民居是中国建筑史上的一朵奇葩，是潮州传统文化中极具典型意义的载体，是潮州民系审美情趣、思维方式的集中反映。乾隆《潮州府志·屋宇》有"高闳闳，厚墙垣""鸟革翚飞"之誉。其工艺特色与闽南建筑属同一体系，又不断吸纳融合其他建筑文化的优点。大量采用极尽华丽、颜色夺目的木雕、石雕和嵌瓷等装饰工艺，显示财富和技艺上的卓越；采用石头、贝灰、泥土等作为建材，强调结构上通风透气、防风防洪。

　　潮州传统建筑注重礼制，强调天人合一，具有浓厚的传统文化底蕴。强化礼制主要表现为宗祠牌坊遍及城乡；天人合一主要表现为选址布局十分注重因地制宜、重视"藏风聚气"。

　　潮州传统建筑主要有"下山虎""四点金""五间过"，规模较大的有"二落二从厝""三落四从厝（驷马拖车）""百鸟朝凰（百间厝）"等建筑格局。其基本形式是"下山虎"和"四点金"。"四点金"的平面格局是以方形为基础的九宫格式，中央为天井庭院，四正为厅堂，四维为正房，形成中心对称格局。它最大的特点是以厅堂为中心，上下左右四厅相向，形成一个十字轴空间结构，

潮州民居庭院

潮州民居

这是与相类似的北方四合院最为显著的不同之处。许多专家学者认为，从历史学和考古学的角度来看，这种建筑形式乃中原建筑古老形制之遗存。"四点金"这种模式减少前进是"下山虎"，纵向扩展是"三座落"，横向扩展是"五间过"，左右加二条从厝巷是"二落二从厝"，以此为基本形式，可以组合出多种平面形式。但无论如何扩展，均保持平面布局有明显的中轴线，以厅堂为中心来组织空间，左右对称主次分明，并以此纵向延伸和横向扩展。潮州城乡各地，至今保留不少民居建筑精品。潮州老城古民居建筑群由辜厝巷林宅等14座古民居组成，分布于古城区中，它们分别是明代、清代、民国时期的建筑遗存，是潮州民居建筑的典范，2013年被列为全国重点文物保护单位。

潮州农村多聚族而居，形成诸多古村落，都保存大量精美的潮州民居建筑，富有地方传统文化韵味。潮州村落中有一些比较集中的集屋式民居，称为堡寨，供大规模人群聚居，是乡村居民军事化的产物。堡寨外墙厚实，可以抵御台风和

暴雨的侵袭，基本是封闭的，通过两三个寨门与外部联系，如此既可防盗寇，又有利于防风防水。从平面上可分为"方寨"和"圆寨"，以圆形的较多。"圆寨"也称土楼、楼寨、围楼、围屋，以饶平县北部山区居多，饶平县中部丘陵地带次之，潮安区的凤凰镇和湘桥区的铁铺镇、磷溪镇和官塘镇皆有。比较有代表性的有饶平县道韵楼和潮安区龙湖古寨、象埔寨等。

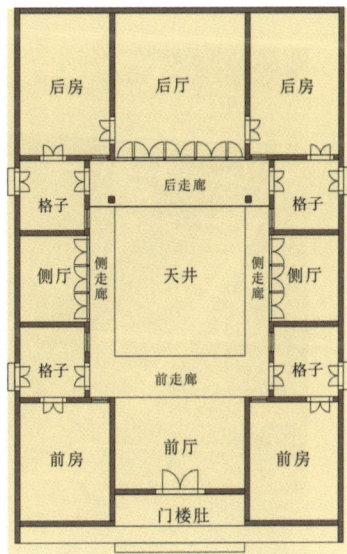

后房	后厅	后房
格子	后走廊	格子
侧厅	天井	侧厅
格子	前走廊	格子
前房	前厅	前房
	门楼肚	

"正四点金"平面图

"下山虎"民居

"四点金"民居

"二落二从厝"民居

"百鸟朝凤"民居

土楼围屋

梁架上石雕装饰

梁架上金漆木雕装饰

山墙脊头形式

金星脊头

木星脊头

水星

"三载五木瓜"梁架

火星脊头

土星脊头

卓府

潮州老城古民居建筑群

　　潮州老城古民居建筑群系潮州古城区的14处传统民居建筑群的总称，面积约1.8平方千米，包括辜厝巷1号林宅、辜厝巷7号德里旧家、辜厝巷22号王宅、辜厝巷10号红栏杆、郑厝巷12号蔡宅、甲第巷12号外翰第、甲第巷18号大夫第、兴宁巷24号大夫第、东府埕2号儒林第、中山路22号卓府、马使埕8号闫宅、青亭巷24号大夫第、上西平路2号黄尚书府和铁巷20号陈宅。

　　这些古民居主体建筑、院落和装饰基本保持完整，是中国传统建筑技艺和工艺美术的完美结合，是潮州传统民居建筑的典型代表，也是国家历史文化名城的组成部分，具有重要的历史、艺术、科学和社会价值。走进这些古民居，能够体会到潮州独特地方文化艺术在建筑载体上的丰厚积淀，体现潮州人的审美意趣，也反映出技术进步和文化演进的情态。2013年被列为全国重点文物保护单位。

古城宅第

古民居

道韵楼

　　道韵楼位于饶平县三饶镇南联村，规模宏大，风格独特，是中国最大的八角形土楼。道韵楼始建于明万历十五年（1587），历经三代人建设而告竣。明南京礼部尚书黄锦为道韵楼题定楼名，今门匾仍嵌在楼门之上。该楼坐南朝北，呈八卦形，面积1万平方米，外围周长328米，直径101米，墙高11.6米，三进围屋，全深29米，前二进围屋为平房，后为三层楼房，皆以黄泥土夯成，中心处设为广场。全楼有正房56间，角房16间，最多曾住过600多人。楼周除设有枪眼、炮眼外，门顶还设有防火的注水暗涵。整座土楼具有防兵乱、乡斗、盗贼、兽害、干旱、火灾、寒暑、地震八大作用。该楼是潮州地区土楼民俗文化之精粹，具有较高的历史、艺术、科研价值。2006年被列为全国重点文物保护单位。

道韵楼

所城

大埕所城

古称大城所、大埕所。明、清海防军事重地，在饶平县所城镇小金山南侧，气势雄伟壮观。明洪武初年，朝廷在全国沿海设卫所防御倭寇，在大埕设置的卫城，称"大埕所城"，后简称"所城"。大埕所城虽历经沧桑，但四城门尚在，东、西城垣尤为完整，布局依旧，城中保存了三街六巷的基本格局，城隍、坛庙、祠宇、庵寺、古戏台历经修缮，仍保留明清时期风貌，是目前广东省内保存较为完整的海防所城。2002年被列为广东省文物保护单位。

所城西门

龙湖古寨寨门

龙湖古寨

　　龙湖古寨位于潮安区龙湖镇，方圆约1.5平方千米。古寨始建于南宋，至今已有1 000多年历史，素有"潮居典范、祠第千家、书香万代"之美誉。古寨虽然经历数百年沧桑，但风韵犹存，寨内巷道纵横，宅第无数，至今尚存能反映昔日盛况的三街六巷布局。龙湖寨历来文化氛围浓厚，文脉传承长盛不衰，文化人才代代相传。南宋嘉定七年（1214），28岁的姚宏中荣登探花。明清两代，更呈现群星灿烂、名贤辈出的态势，涌现6位进士、31位举人。2012年龙湖寨建筑群（9处）被列为广东省文物保护单位。

龙湖古寨鸟瞰

象埔寨

　　象埔寨位于潮安区古巷镇，一面靠山，三面临水，距今已有近千年历史，是一种四周为两层或多层、外形规整方正的大型围寨，总面积25 000多平方米。内院为梳式巷道布局，巷道两旁为"爬狮"或"四点金"式住宅，整个围寨像一个缩小了的古城，为目前粤东地区保存完整、年代久远的古寨之一。古寨有四个特点：全寨是经过周密规划建成，道路整齐，交通方便；建筑规整，平面类型丰富，每座民居造型各异；寨内地势前低后高，排水系统畅通，日用、饮水靠水井。建筑外观统一、朴实，但门楼高出，有一定的雄伟和严肃感。后来潮汕地区的方寨，多效仿这一布局建造。2015年被列为广东省文物保护单位。

象埔寨

象埔寨寨门

云蒸霞蔚凤凰山

清代韩江八景图

潮州名胜

潮州自然风光秀美，古城区三山拱卫，一水环护。至今，笔架山、金山、葫芦山仍护卫着潮州古城，川流不息的韩江水绕城南流。

潮州北部有粤东最高峰——凤凰山，是中国乌龙茶之乡和少数民族畲族的发祥地；西部有桑浦山麓的温泉、矿泉，梅林湖畔的海蚀地貌；东部有柘林湾的"白鹭天堂"以及自然条件优越的海滨浴场，都是观光休闲度假的旅游胜地。

潮州是一个历史悠久的南国古郡，拥有地方特色鲜明、门类繁多、品位甚高的文化景观。现有文物点包括古遗址、古墓葬、古海蚀地貌、古建筑、古祠、古寺、古井、古桥、古塔、古牌坊、摩崖石刻、碑碣等，全市共有文物古迹1 345处，其中国家重点文物保护单位9项22处，是粤东文物古迹荟萃之地。

韓江八景圖

潮州八景

潮州八景旧时有内外之分，内八景位于古城街巷之间，外八景分布于古城外韩江两岸。由于城市建设的不断发展，内八景已逐渐湮没，现在人们所说的潮州八景是指外八景。为展现历史名城风采，促进文化经济融合，潮州于2010年评选出"潮州新八景"。

潮州八景　湘桥春涨、鳄渡秋风、韩祠橡木、金山古松、龙湫宝塔、凤台时雨、西湖渔筏、北阁佛灯。

潮州内八景　东楼观潮、西园赏菊、古刹梵唱、府楼钟声、莲花午照、七星步月、奎阁晨晖、芦荻晚眺。

潮州新八景　滨江红棉、广场灯影、坊街亭韵、淡浮水墨、绿岛晴岚、桑浦禅泉、凤凰天池、柘林渔火。

湘桥春涨

西湖渔筏

金山古松

韩祠橡木

潮州八景

北阁佛灯

鳄渡秋风

凤台时雨

龙湫宝塔

坊街亭韵

潮州新八景

滨江红棉

广场灯影

桑浦禅泉

柘林渔火

凤凰天池

淡浮水墨

绿岛晴岚

清末民国初的广济桥

广济桥

广济桥俗称"湘子桥",在潮州古城东门外,横跨浩瀚的韩江,居闽粤交通要津,其梁桥与浮桥结合的独特风格,在中国桥梁史上独树一帜。广济桥始建于南宋乾道七年(1171),至今已有八百多年的岁月,被誉为"世界上最早的启闭式桥梁",著名桥梁专家茅以升曾撰文称之为"世界上较早的'开合桥'"。1988年被列为全国重点文物保护单位。

古时,广济桥是连通闽、粤的交通要津,连接东西两岸,船只往来,行人如鲫,亭台楼阁,商贩聚集,形成了"一里长桥一里市"的繁华桥市景象。广济桥一直是名扬天下的古桥,有"到潮不到桥,枉费走一遭"之誉。

如今,修复好的广济桥,全长518米,其中,18艘梭船联结而成的可启闭浮桥长96.76米。30座桥亭悬挂匾额、楹联,传统的雕刻装饰,尽显古风流韵。每当夜幕降临,古老的广济桥璀璨生辉。对海内外的潮人来说,这里是文化地标,是精神纽带,也是家园的象征。

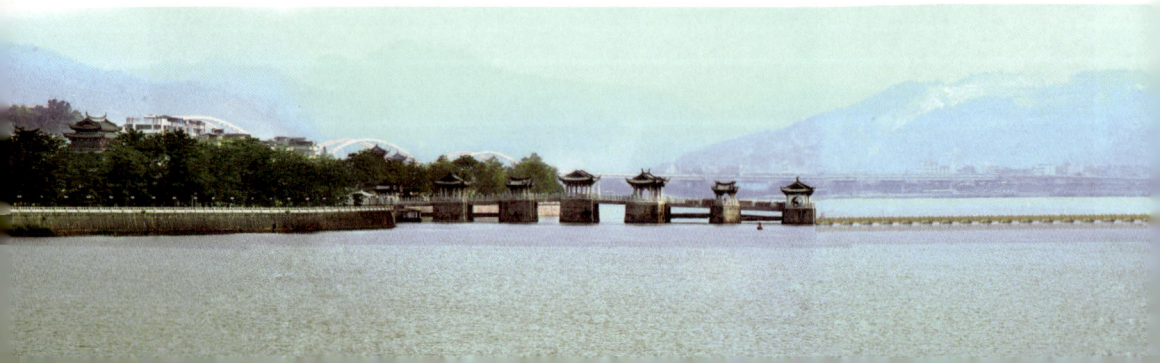

广济桥梭船

桥上之亭台楼阁

广济桥全貌

许驸马府大门

许驸马府内景

许驸马府

许驸马府位于潮州市区中山路葡萄巷，是宋太宗曾孙女德安县主之婿许珏的府第。始建于北宋英宗治平年间（1064—1067）。历代屡有修建，至今仍较好地保留始建年代的平面布局。府第朴实无华，主体建筑三进五开间，整座建筑结构严谨，古朴大方，是研究我国古建筑学不可多得的实体，也是潮州保留较为完整的宋代建筑物之一，被专家誉为"国内罕见的府第建筑"，是"潮州古建筑三件宝"之一。1996年被列为全国重点文物保护单位。

许驸马府鸟瞰

开元寺大雄宝殿

潮州开元寺

开元寺前身为荔峰寺，位于潮州市区开元路。唐玄宗开元二十六年（738）敕建为开元寺，元代一度改为"开元万寿禅寺"，明代称"开元镇国禅寺"，为粤东地区第一古刹，有"百万人家福地，三千世界丛林"之美誉。历代均有维修。坐北朝南，内分四进，首进为金刚殿（即山门），二进为天王殿，三进为大雄宝殿，殿前有月台，有精雕的吉祥图案石栏板，后进为藏经楼，东西两侧建有方丈厅、地藏阁、观音阁、祖堂、伽蓝殿等。山门外有照壁。总占地面积11 031平方米。寺内文物丰富，有唐代石经幢、宋代大铜钟、元代石雕大香炉、明代金漆木雕千佛塔、清代乾隆皇帝御赐的雍正版《大藏经》等。1983年被国务院定为全国重点开放寺院。2001年被列为全国重点文物保护单位。

唐代石经幢

海阳县儒学宫

海阳县儒学宫

　　海阳县儒学宫俗称红学、学宫，位于潮州城区昌黎路和文星路交界处。始建于南宋绍兴年间，后毁于火。明洪武二年（1369）重建大成殿，以后历代屡有增建，始成规模宏大的建筑群。现存大成殿、泮池、棂星门、照壁等建筑，只占原来面积的三分之一。其大成殿保留着宋代的宫殿式建筑风格，抬梁式屋架由43支大柱支撑。殿中供孔子及"四配"（颜子、曾子、子思、孟子）塑像。殿周有石栏杆围护，并嵌有明、清维修学宫碑记6块。学宫是重要的革命纪念地，国民革命军第二次东征时第一师政治部和南昌起义军军官教导团均曾驻扎于此。1989年被列为广东省文物保护单位。

韩文公祠

韩文公祠在潮州市韩江东岸笔架山麓，为我国现存年代最早、保存最完整的纪念唐代文学家韩愈的祠庙。始建于宋咸平二年（999），原建于金山麓；元祐五年（1090）徙至州南七里，苏轼为撰碑记；南宋淳熙十六年（1189）迁于韩山今址。祠倚山临水，肃穆端庄。沿石阶而上，有四柱三门石坊，坊后甬道右侧，辟建近百米碑廊，内镌各级领导人和海内外名家惠赠或留题的书法作品40幅。韩祠主体分前后二进，后进正中塑韩愈像，两旁塑侍从张千、李万像。祠内有石柱上镌刻的对联和历代碑刻40处，记载着韩祠的历史和韩愈治潮业绩。2006年被列为全国重点文物保护单位。

韩文公祠内景

韩文公祠

己略黄公祠木雕装饰

己略黄公祠

　　己略黄公祠坐落在古城义安路铁巷，建于清光绪十三年（1887），是潮州望族黄氏的私家祠堂，也是一座潮州木雕艺术的殿堂，特别是拜亭和正厅，其梁、枋两端饰以龙、凤、狮等祥瑞动物，形象各异，梁、桁、柱间穿插构件无不显示木雕师傅的高超技艺。木雕师傅以戏曲传奇、民间故事为木雕创作的题材，在技法上采取了圆雕、沉雕、浮雕、镂空等不同手法，突破空间和时间的限制，形象地表现了多层次的繁杂内容。在色彩上则充分运用了黑漆装金、五彩装金、本色素雕等表现手法，使整座建筑物的装饰轻重有别，层次分明，给人以雍容华贵、金碧辉煌的艺术感受，被专家们誉为"潮州木雕一绝"。 2001年被列为全国重点文物保护单位。

己略黄公祠

门楼倒挂石雕花篮

从熙公祠

　　从熙公祠位于潮州市潮安区彩塘镇，系旅居马来西亚的侨领陈旭年（又名从熙）出资所建。兴建于清同治九年（1870），告竣于清光绪九年（1883），历时14年，耗资26万银圆。最令人叹为观止的还是镶嵌于门楼石壁上的4幅石雕。这4幅石雕分别以士农工商、渔樵耕读、花鸟虫鱼为题材，每幅都很好地运用了"之"字形的构图，将不同时空的人、事、物集中在同一画面，浓缩故事情节，表现出最富于戏剧性的瞬间。一幅"渔樵耕读"图，分布了25个人物，或现身于亭台楼阁之上，或出没于山林曲径之中，或抛网捕鱼，或牧牛而归，神态各异，栩栩如生。花鸟虫鱼则以自然取胜，展翅的鸟，跳跃的鱼，肥硕的荷，怒放的花……无不惟妙惟肖，其工艺的细腻精美，为晚清潮州石雕艺术之极致，堪称一绝。2006年被列为全国重点文物保护单位。

从熙公祠

牌坊街

　　牌坊街又称大街、太平路，是潮州府的重要地标之一，也是一个历史时期地方经济文化发达的重要标志之一。昔日的牌坊街长仅1.6千米，43座牌坊依次矗立，平均每35米就有一座牌坊。若把太平路两旁巷道所立的牌坊也计算在内，则有62座。其数量之多、分布之密，为全国绝无仅有。

　　1950年，太平路的牌坊只存下19座，因多种原因，1951年又被全部拆除。2006年，潮州复建牌坊街，重树牌坊23座。坊之多而知风化之美，巷之多而知民居之密。一座座恢宏矗立的牌坊，不仅是一部地方文化史、家族史，还是刻在石头上的历史书。如今，随着潮州文旅产业的融合发展，牌坊街已然是一条商业旺街、文化旺街。

牌坊街

广济门城楼

广济门城楼俗称东门楼，为潮州府城主要门户之一。始建于明洪武三年（1370），民国二十年（1931）重修。历经修建，结构形式也有所改变。2004年重新修复时，恢复了明代木石结构，仿宫殿式三层四檐歇山顶，面阔五间，进深三间，建筑总高度为24.5米，建筑面积866平方米。城门内侧的"广济门"匾额据传为明代知府王源所书，原匾放大后安置在面东城门上。三层楼匾分别是："广济楼"为著名书法家萧娴所书，"东为万春"为国学大师饶宗颐重书，"岭东首邑"为书法家刘炳森手笔。城楼面临韩江，正对湘子桥，襟江控岳，护郡镇桥，楼上有对联："万峰当户立，一水接天来"（清·周厚躬撰，饶宗颐重书）。1989年被列为广东省文物保护单位。

广济门城楼

凤栖楼

潮州西湖公园

潮州西湖公园位于潮州市区西北隅，为粤东著名古典园林。原山地绵亘10余里，今面积267公顷。公园背倚葫芦山，面临西湖。葫芦山因形似葫芦倒卧，故名；又因山下有湖，遂名西湖山或称湖山，旧亦称银山。与金山对峙，为潮城西北之屏障。

山上峰峦叠翠，怪石嶙峋，岩洞幽深，古树凝烟，楼台亭榭，错落其间。园中有寿安寺、雁塔、莲花池、处女泉，南岩则是摩崖石刻的集中点，石上镌刻许多自唐以来的题咏。凤栖楼上的凤座，集雕塑、建筑于一体，是凤城的象征。湖心亭、涵碧楼楼台倒映水中，增添湖山景色。

潮州西湖公园

潮州工艺美术

　　潮州工艺千姿百态，琳琅满目，被誉为民间工艺博物馆，工艺品种齐全、覆盖面广、体系完整，拥有四十多个传统工艺门类，其中多个工艺门类分别被列为国家级、省级和市级非物质文化遗产保护项目，是广东省获得非遗项目最多的地级市。

　　在民间工艺门类手工类中，潮州彩瓷烧制技艺、潮州抽纱、枫溪手拉朱泥壶制作技艺、潮州木雕、潮州剪纸、潮绣、枫溪瓷烧制技艺、潮州嵌瓷、潮州大吴泥塑、潮州花灯、潮州珠绣、建筑木结构营造技艺等列入国家级非物质文化遗产名录；潮州麦秆剪贴画、潮州推光金漆画、浮洋方潮盛铜锣制作技艺、铜铸胎掐丝珐琅器制作技艺、潮州金银錾刻技艺、潮州玉雕等列入省级非物质文化遗产名录。

北宋青白釉佛像

潮州陶瓷

潮州陶瓷历史悠久，唐中期已有青瓷器皿的烧制生产，烧制工艺水平很高，外销至东南亚。北宋时期潮州陶瓷产品的质量档次与工艺技术水平，均居岭南前列。

潮州陶瓷产品除了日用生活瓷之外，还有纹片瓷、瓷花、通花瓶和其他各类工艺瓷。潮州瓷器历来有"白如玉、明如镜、薄如纸、声如磬"的特点。瓷塑人物较多反映古典女性，注重阴柔风格，与石湾陶瓷的阳刚对比鲜明，成为广东陶瓷两大主流。瓷花及通花瓷为潮州独创的瓷塑艺术，充分显示了潮州工艺之精巧细致。1978年，邓小平出访朝鲜时将枫溪制作的高达1.3米、内外三层的《友谊》通花瓶作为国礼送给朝鲜领导人金日成，枫溪陶瓷在海内外一时声名鹊起。潮州的日用瓷也是蜚声海内外的产品，在国内外各种重大庆典活动中也常常用到潮州陶瓷，堪称"现代官窑"。

《友谊》通花瓶

陶瓷人物瓷塑《金陵十二钗》（陈钟鸣作）

20世纪80年代以来，潮州已形成了日用陶瓷、工艺陶瓷和建筑卫生陶瓷三大门类产品，品种有10万多种，产品远销160多个国家和地区，成为全国最大的工艺瓷出口生产基地。2004年6月，潮州被中国轻工业联合会、中国陶瓷工业协会授予"中国瓷都"称号。目前，陶瓷作为潮州市第一支柱产业，已形成日用陶瓷、工艺陶瓷、建筑卫生陶瓷和高技术陶瓷四大产业门类。潮州是国内产业链最完整的陶瓷产区，是名副其实的"中国瓷都"。2008年，枫溪瓷烧制技艺被列入第二批国家级非物质文化遗产名录。

日用陶瓷

潮州彩瓷烧制技艺 潮彩是清末潮州彩瓷采用进口颜料，结合传统釉上彩绘艺术，吸收潮州其他民间工艺技法，从而形成了独特地方风格的彩绘技艺。特点是构图饱满，色彩鲜丽，层次分明，线条流畅，优美生动，格调高雅，有中国画的风韵。潮彩瓷器的创作题材相当广泛，人物、景物、动物、神话故事甚至外国题材都被艺人们巧妙安排入画，或写意，或工笔，或兼工带写，用色考究，画面主次分明，工笔线条婉转多姿，柔中带刚，工整细腻，形神兼具；意笔线条简练豪放，笔墨洒脱，表现力强，达到笔到意随的境界。

潮彩瓷器彩绘常用的技法有勾勒、平涂、洗染、接色、印彩、喷彩、金地万花、腐蚀金、套色印金、重金勾勒等，各种技法交错应用，不同工艺效果各异，如洗染、接色能使画面色彩灵活多变；重金勾勒则产生高雅凝重的视觉效果；腐蚀金工艺通过折光作用，受蚀处的金色失去亮度，不受蚀处则熠熠生辉；釉上堆金施于画面主线条上，使线条浮凸于画面之上，作品更显雍容华贵、富丽堂皇。2014年潮州彩瓷烧制技艺被列入第二批国家级非物质文化遗产名录。

堆金牡丹花鸟天球瓶

潮彩花瓶

弓门提梁壶（谢华作）

三线柿香（扁）壶（吴瑞深作）

枫溪手拉朱泥壶制作技艺 枫溪手拉朱泥壶的制作工艺源于江苏宜兴紫砂壶，清初开始被引进到潮州枫溪。从清代中期，潮州朱泥壶便独具一格，广泛生产和应用，并代代相传一直延续至今。

手拉朱泥壶选用本地陶矿红泥，采用最原始、最古老的辘轳制陶拉坯技法，其制作过程要经过拉、修、批、上水、上浆、烧等近六十道工序，烧制的成品具有造型精美、线条简练、色泽丰润、光滑度高等特点，技艺卓绝。枫溪手拉朱泥壶题材广泛，品种多，主题突出，器物的形态或端庄圆润，或挺拔秀丽，或节奏鲜明，或韵律柔美，格调高雅，显示出技艺美与形态美的融合，具有精湛的传统工艺特点和实用功能、文化价值。2014年枫溪手拉朱泥壶制作技艺作为陶器烧制技艺被列入第四批国家级非物质文化遗产名录。

十全十美（章燕明作）

潮州木雕

潮州木雕又称潮州金漆木雕，与东阳木雕、黄杨木雕、福建龙眼木雕并誉于世。潮州木雕以多层镂空、金碧辉煌、装饰夸张的风格著称。主要用于建筑装饰、神器装饰、家具装饰、案头装饰等。潮州木雕历史悠久，起源于唐代，兴于宋代，成熟于明代，清代则是其臻于完美的全盛期。在潮州民间工艺美术中，金漆木雕十分突出地反映了潮州的地域文化特征，其极尽精致的雕刻工艺和贴金工艺产生了富丽堂皇的艺术效果，充分反映了心灵手巧的潮人追求精致的审美趣味和创造卓越的文化追求。木雕摆设物中具有代表性的表现题材是龙虾蟹篓。1957年，由张鉴轩、陈舜羌创作的《蟹篓》在莫斯科第六届世界青年联欢节造型艺术展览会上荣获铜质奖章。2006年被列入第一批国家级非物质文化遗产名录。

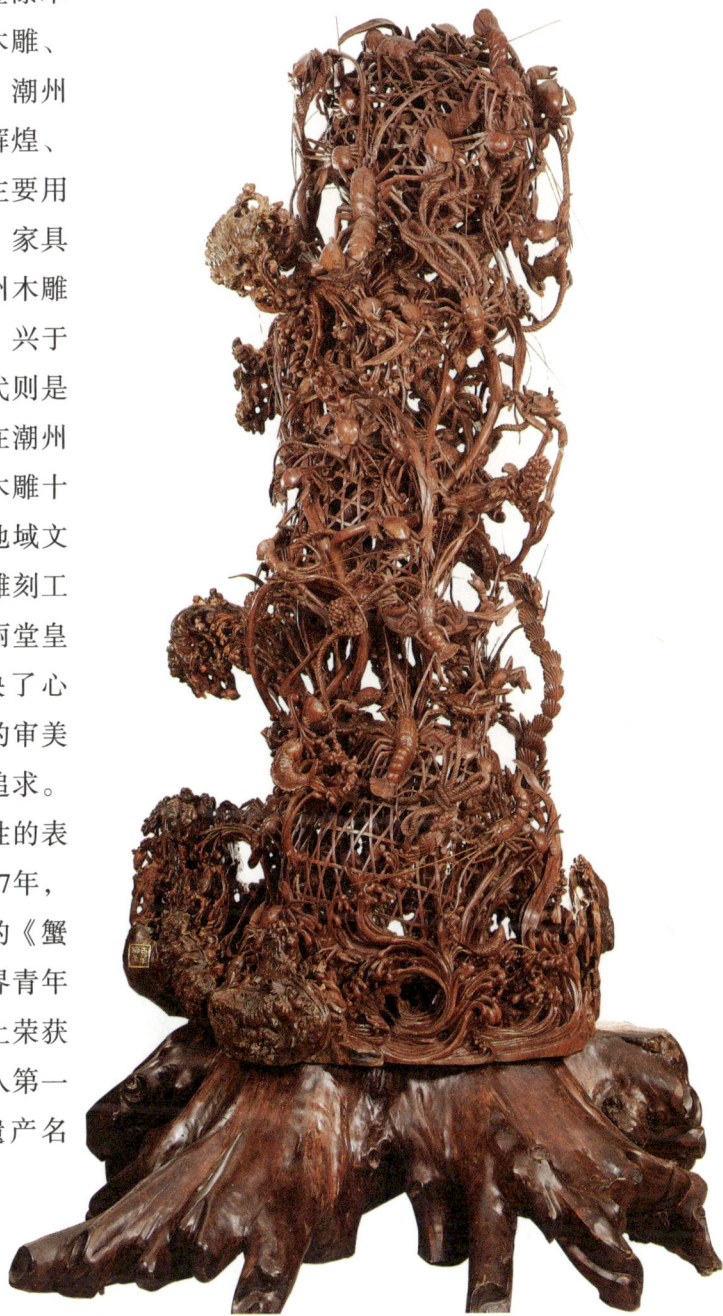

三层龙虾蟹篓（辜柳希作）

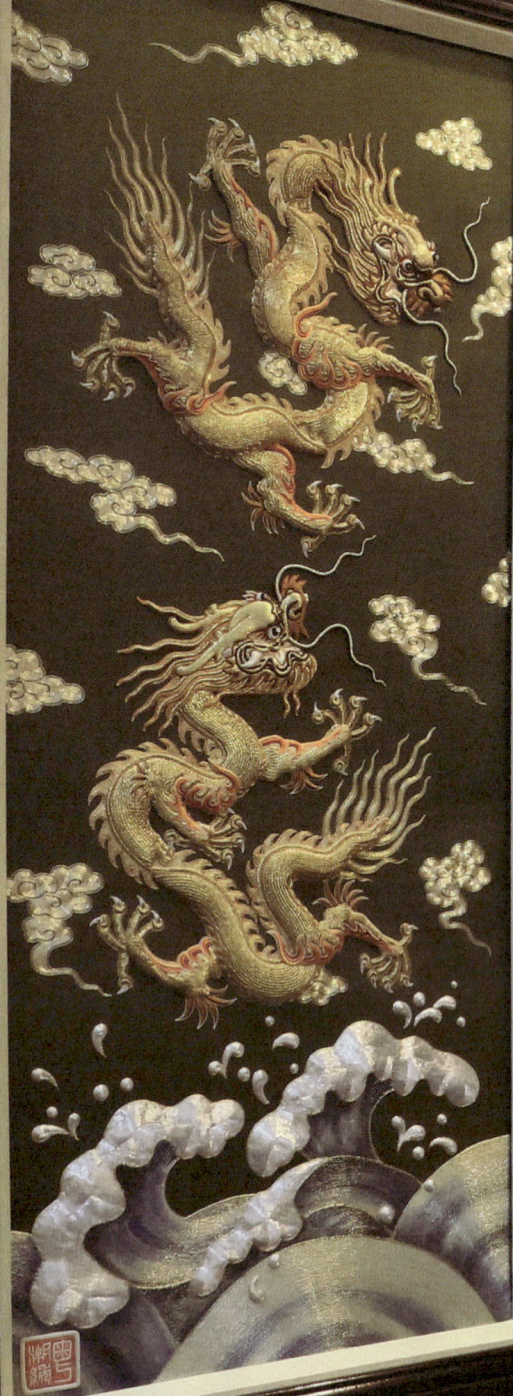

潮绣作品《九龙屏风》（获中国工艺美术品百花奖）

双面绣《松鹤延年》（康惠芳作）

潮 绣

潮绣和广绣是我国四大名绣之——粤绣的两大支系，独具南国情调和地方特色。潮州刺绣源远流长，始自唐代，形成风格于明、清，流传于国内及东南亚一带。自明清以来，潮州妇女多勤纺织，"家家摆绣框，户户有绣娘"，家家户户都会刺绣针工。

潮绣使用的原辅材料与运用的刺绣技艺比其他绣种繁多，以"立体垫高"和"金银结合"著称于世。传统潮绣绣品有戏剧服装、厅堂帐幔、床裙椅披、彩眉寿幛、幢幡宝盖、枕套扇袋、香包绣鞋等，表现题材有人物故事、龙凤、博古、动物和花卉等。时至今日，传承着古老工艺的潮绣，仍然蜚声海内外，魅力非凡，令观者叹为观止。2006年粤绣（潮绣）被列入第一批国家级非物质文化遗产名录。

潮州抽纱

潮州抽纱是传统的潮州刺绣与欧洲抽纱相结合的产物。以棉布、麻布、加纱布、玻璃纱、化纤类等布种为载体，根据图案设计要求间隔有序地抽除布料上的经或纬纱条后，以针线缝锁抽口，花纹刺绣连缀，形成通珑秀逸、形态各异的装饰纹样"花窗"，配以雕、垫、抽、通、掺、补、托等刺绣工种一针一线绣制而成。其构图多变、针法细腻、色调朴素。抽纱种类齐全、美观实用，广泛运用于室内装饰、家具、服装首饰的搭配，或华丽夺目，或清新淡雅，是广受欢迎的日用品和工艺品。潮州抽纱远销世界近百个国家和地区，曾多次作为国家礼品赠送外宾，享有"南国之花"之盛誉。2014年被列入第四批国家级非物质文化遗产名录。

潮州抽纱《双凤朝牡丹》台布
（获慕尼黑博览会金质奖）

潮州抽纱台布

珠　绣

潮州珠绣是在潮州刺绣基础上发展而来的。珠绣其材质独特、工艺别致，既传承传统潮绣典雅华丽的基因，又汲取时尚、潮流的浪漫风格，而逐渐从潮绣中衍生出来，形成的工艺新品种。潮州珠绣也以其适应时代的审美要求，在日常生活中得到普遍应用，在海外大受欢迎。珠绣分为全珠绣和半珠绣两种，全珠绣是在产品面料上绣满玻璃珠，半珠绣则是在部分面料上绣制玻璃珠。按作品分，又可分为珠绣服装、珠绣包（袋）和珠绣画三大类。其中珠绣画是新品种，融合了广绣、潮绣技艺，并结合绘画原理与色彩构成发展而成。珠绣应用范围广，从民间戏剧舞台上珠光宝气的戏服到妇女的头饰、衣服、珠花等。2021年粤绣（珠绣）被列入第五批国家级非物质文化遗产名录。

珠绣《富贵长春》（黄伟雄作）

潮州剪纸《陈三五娘·投荔》（江根和作）

潮州剪纸

潮州剪纸流行于古代，繁荣于明清。题材涉及花果、走兽、人物、风景和文字图案等。以形式区分，潮州剪纸有纯色、多色、阳刻、阴刻等类型。纯色剪纸充分发挥"剪"的特点，以纤细秀丽的线条配合块面，采用夸张、变形手法创作出栩栩如生的艺术形象。多色剪纸则用多种色纸分别剪出物象的各个部分，然后再合并成为一件完整的剪纸作品。潮州剪纸还有一个品种叫"錾纸"，是将图案放在色纸或金箔之上，用刻刀錾刻而成。2006年被列入第一批国家级非物质文化遗产名录。

潮州花灯

　　潮州花灯又称灯彩，是潮州节庆和祭祀活动中的重要角色，分为屏灯和挂灯两大类型。屏灯是一种集彩扎、绘画、刺绣、泥塑、剪刻于一体的综合性造型灯屏，它以戏曲和历史人物故事为主要表现题材，配以亭台楼阁、山水园林、动物形象等，做成一屏屏的景物，再装配灯光加以映衬，一屏一灯，精美异常。挂灯以藤、竹、木和金属条片做成框架，外罩以丝纸、绢帛、玻璃，而后在表面书写、彩绘诗画图文，再依造型需要镶嵌装饰璎珞、螺钿、珠串、铜片等，呈现出古雅典丽的风格特色。2008年被列入第二批国家级非物质文化遗产名录。

潮州传统纱灯

潮州花灯

大吴泥塑《出花园》（吴光让作）

大吴泥塑

大吴泥塑《苦肉计》（吴维清作）

　　潮安区浮洋镇的大吴村与天津杨柳青、江苏无锡惠山并称为"三大泥塑之乡"。大吴泥塑的历史可追溯至南宋时期，清代中叶是其鼎盛时期。题材或取自潮剧情节、民间传说或章回小说故事，或直接来自日常生活。工艺流程分挖泥、炼泥、捏塑、烧坯、彩绘五个环节，制作时以雕、塑、捏、贴、刻、印、彩为主要技术手段，其中贴、印、彩等手法紧密结合在一起，形成了突出的地方艺术特色。2008年被列入第二批国家级非物质文化遗产名录。

潮州嵌瓷

潮州嵌瓷

　　潮州嵌瓷俗称"贴饶"或"扣饶"，是潮汕地区特有的运用各种彩色瓷片剪裁镶嵌以表现艺术形象的工艺。因其质地坚实，久经风雨或烈日曝晒而不褪色，被誉为永远亮丽的艺术。嵌瓷历史悠久，早在明代万历年间就已经在民间使用。到了清末，瓷器生产作坊与嵌瓷艺人相配合，专门烧制各种色彩的瓷碗，以绘画为基础，供裁剪、镶嵌成平面、浮雕或立体的花卉果蔬、飞禽走兽、戏曲人物等图案，让那些只存在于纸上的神话传说与古代典故有了新的载体。2011年被列入第三批国家级非物质文化遗产名录。

潮州嵌瓷《专诸荐鲈鱼》（卢芝高作）

潮州麦秆剪贴画《松鹤延年》

潮州麦秆剪贴画

麦秆画源于我国古代中原地区，已有千年历史。潮州麦秆画是以麦秆草为主要原材料制作而成的工艺品，是一种洋溢着浓郁乡土气息的民间艺术。其题材广泛，风格多样，表现力极强。作品有刺绣般的纤细、国画般的韵味、油画般的深厚、水彩般的清丽。无论表现何种题材，都能做到意趣盎然、雅俗共赏，故有"南国艺苑一枝花"之美誉。2009年被列入第三批广东省非物质文化遗产名录。

潮州麦秆剪贴画《百鸟和鸣》（方志伟作）

森林龙虾

潮州菜筵席

潮州饮食

潮州菜

潮州菜是中国四大菜系之粤菜的重要组成部分，被誉为"最好的中华料理"。潮州菜起源于唐代，发展于宋代，明代又进一步推陈出新，进入鼎盛时期。到了近现代，潮州菜享誉海内外，在中国乃至世界烹饪文化中占据着重要的位置。

潮州菜主要的特点就是选料考究、制作精细、鲜而不腥、清而不淡、浓而不腻，在用料、火候、调味和营养配比等方面都具有鲜明的地方特色。潮州菜馆遍布世界各地。向来有"食在广州、味在潮州"之说。潮菜连续三次作为中国饮食文化的代表参与米兰世博会。

潮州菜历经千余年的形成和发展，既师承了传统名菜遵古法烹制的风味，又融合、吸收了粤菜中广州菜以及闽菜、淮扬菜等的特点而加以发展，在传统风味的基础上，集各地名菜的风味和烹饪技术，精制创新，"色、香、味、形、器"并美而饮誉中外，近年来更是备受青睐。《舌尖上的中国》总导演陈晓卿曾在节目"圆桌派"上说过："没有去过潮汕的人不可自称美食家，因为从鱼生到肥酒，那里遗留了秦朝至宋朝的美食文化。"2004年，潮州市被中国烹饪协会授予"中国潮州菜之乡"荣誉称号。2021年潮州菜烹饪技艺被列为第五批国家级非物质文化遗产名录。

太极护国菜

潮州卤鹅

潮州牛肉丸

明炉烧响螺

蚝烙

糕烧番薯

菜头粿

宵米

潮州小食

潮州小食发源于民间，向来以制作精细、乡土风味浓厚而享有盛誉，是中国点心的八大派系之一。在潮菜筵席中，潮州小食是重要的组成部分，每筵必配1~2款潮州小食。潮州小食种类繁多，据不完全统计，传统的潮州小食近400种。

潮州小食具有原料简单、风味独特、造型美观、健康养生的特点。潮州小食起源于民间，兴盛于民间。以往，潮汕地区的人们利用地方资源，制作成各类小食，其中最具特点的就是用米制作粿类，如红桃粿、咸水粿、粿条等。潮州小食在制作和用料上十分注重营养搭配，主要以谷类、豆类、薯类为原材料，以蒸、煎、油浸、炸、焗等方式进行烹饪。养生是潮州小食最为突出的特点，如制作潮式春卷时在馅料中加入绿豆，以平衡油炸引起的火气，吃了不易上火。

舌尖上的潮州小食牵系着世世代代潮州人的乡情乡谊，是潮州文化的一个重要组成部分。

各式各样的潮州小食

腐乳饼

朥饼

春卷

鼠曲粿

红桃粿

猪脚圈

咸水粿

无米粿

朴枳粿

沙茶粿条

宋茶

潮州工夫茶

《清朝野史大观·清代述异》称："中国讲求烹茶，以闽之汀、漳、泉三府，粤之潮州府工夫茶为最。"

潮籍学者翁辉东有《潮州茶经：工夫茶》专书行世，系统地记述潮州工夫茶的用茶、取水、掌火、茶具和烹治程式，认为"工夫茶之首功，全在烹法"，所以对工夫茶的烹治程式，分治器、纳茶、候汤、冲点、刮沫、淋罐、烫杯、洒茶八事详加说明，概括了潮州工夫茶俗最基本的特色。这一套礼仪，正是中国传统的"茶道"。至当代，根据专家的归纳概括，已形成了一套饱含潮人文化情趣、生活理念的冲泡技术程式。

潮州工夫茶艺既是可登大雅之堂的饮茶艺术，又是扎根于大众沃土的民俗生活，雅中有俗，俗中有雅，充满着"和、敬、精、乐"的文化精神，是潮州传统文化的重要组成部分。2008年潮州工夫茶艺入选第二批国家级非物质文化遗产名录。

春茶

制茶

成茶

冲泡

潮州工夫茶器具

四海潮声

潮人下南洋

　　潮州地处中国的东南隅，濒临大海，历史上因地狭人稠，战乱频仍，人们只能靠海吃海，纷纷"下南洋""过番"谋求生活出路。据《隋书》记载的陈稜攻打琉球，可见其时潮州已拉开了远洋贸易的篇章。唐代，凭借有利的地理气候条件和成熟的造船术、精美的商品，潮州海上贸易迅速崛起，客观上也促进了潮人下南洋。宋元时期，得益于政府对民间发展海外贸易和造船业的鼓励政策和海路的开通，潮州海航线北上可以到达朝鲜、日本等国，南下可达东南亚诸国，潮州

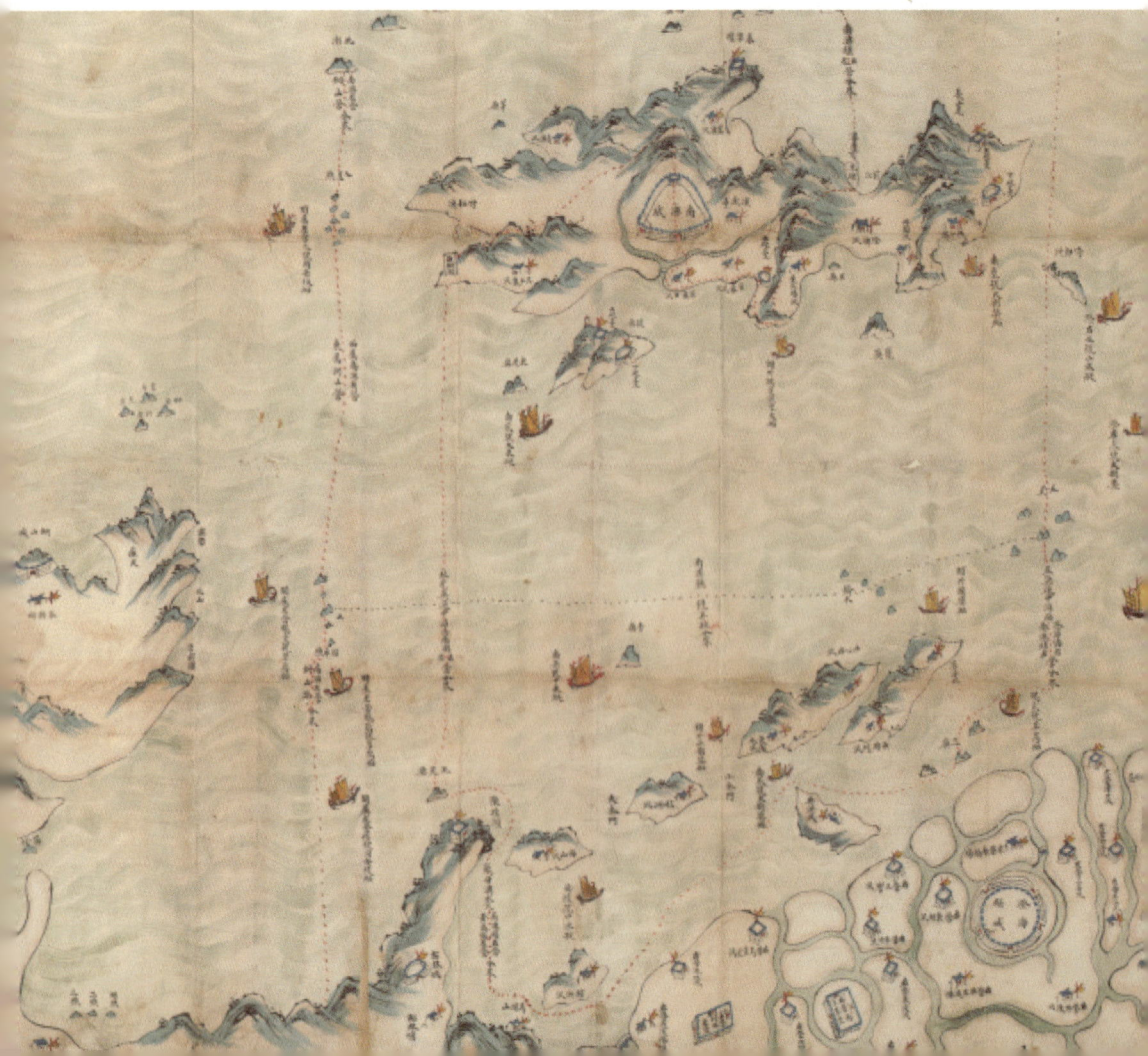

商人因为海外贸易而致富，本地区海外移民不断增多。明朝禁止私人出海贸易，迫使粤东沿海从事海上贸易者组成武装商船集团，在政府加大追捕力度时，逃避到东南亚一带藏身落户，成为南洋早期的华侨。这一时期，张琏经营于闽粤、三佛齐，林道乾经营于厦门、柬埔寨，林凤经营于台澎并拓殖吕宋岛。

清代康熙之后，陆续开放海禁，海上贸易得以恢复并趋活跃，主要以贩运烟、糖、潮盐、茶叶、瓷器为主，南至越南、柬埔寨、马来西亚，北达江浙、日本，规模不断扩大，"红头船"也在当时成为潮商的文化象征。与海上商贸相关，海外移民规模不断扩大，形成18世纪后期潮州人向东南亚的第一次移民高潮。1860年汕头开埠以后，交通条件改善，潮人向东南亚移民的人数迅速增加，于是出现了第二次移民潮。这一次，商人成为本地区海外移民的主体。两次移民潮，促进了海外潮人社会的形成。

潮州府防御图

潮人过番必备物件

潮人下南洋，是中国近现代史上的一次海外移民壮举，其移民人口之多，涉及地域之广，移民时间跨度之长，举世罕见。潮州海外移民遍布世界40多个国家和地区，其中80%分布在东南亚，以泰国最多。此外，还有很多港澳台的潮籍移民。在全球华侨、华人及港澳台同胞中，潮籍人数约占五分之一。海外潮人将他们本乡本土的原生态生活方式带到世界各地，特别是东南亚一带，潮州文化随着潮州人的足迹传播到世界各地。

在潮人的文化观念中，本地与海外生活交融一体，他们就生活在这样一个不能分割的以海洋为中心的地域网络之中。华侨有致富者，不惜斥巨资回乡投办公益，还大力支持革命。辛亥革命成功之后，财政告急，泰国侨领郑智勇一人提供的费用，占各地支持革命政府费用的40%。中华人民共和国成立后，许多华侨青年冲破阻力回国效力，许多华侨回乡投资建设，捐资办学。改革开放之后，华侨华人及港澳同胞报国爱乡的热情勃发，掀起捐资兴办公益、投资创办实业的热潮。旅外游子为家乡建设贡献良多。改革开放，潮人乐于经商的传统观念又被唤醒。潮侨潮商的足迹，遍布全中国，他们都乐于对家乡反哺，热心参与家乡建设事业，努力让家乡的人过上幸福的日子，这是侨乡游子爱国爱乡传统的延续。

红头船

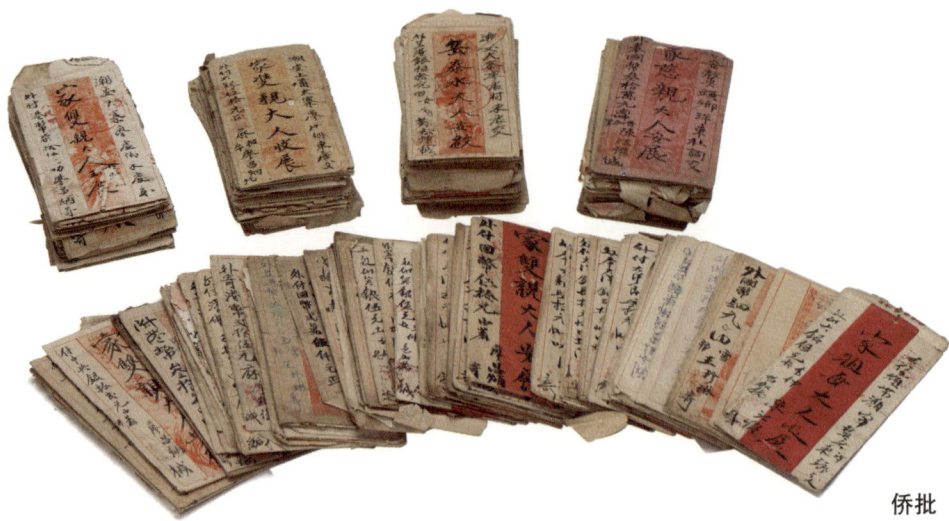

侨批

侨 批

移居海外的潮人，以侨批为主要纽带，与家乡保持着非常密切的互动关系。靠着侨批往来，潮州家乡和海外潮人社会被紧紧地联系在一起。潮州移民不仅在居留地以地缘乡谊相互联结，相互支持，而且富有家乡情、赤子心。早期移民省吃俭用，积攒到一点血汗钱就寄回侨批给留在家乡的亲人，刺激了侨乡经济的发展。潮谚有"番畔（海外）钱，唐山使（用）"的说法。

侨批业兴盛时期，潮汕地区的汇款有80%左右是经侨批局汇入，对潮汕地区经济社会发展产生了极大影响。侨批业经营者恪守诚信，风餐露宿，把一封封家书连同一笔笔批款送到各镇各村以至穷乡僻壤的侨眷手中，一笔不漏，分文不差，充分体现侨批业经营者的敬业精神、服务意识及诚信品德。"侨批档案"于2013年6月19日成功入选《世界记忆名录》，参加申报的17万封侨批中，大约有10万封来自潮汕地区。一封封侨批，浸透着海外侨胞的血泪和汗水，蕴含着他们对祖国、故里和亲人的一片深情。

潮人社团

潮人足迹遍布天下，他们以地缘、血缘、业缘为纽带，建立起社团组织，以期联络感情，共谋发展。潮州会馆和商会应运而生，逐渐遍布世界各地。清代潮商的会馆文化已相当成熟，省内各地、国内大港口以及东南亚各地均有潮州会馆，表现出强烈的乡土文化意识和团结精神。会馆的规模不断扩大，其功能也逐渐发展，除了联谊、接待之外，还包括对内的仲裁、解决纠纷、救济同乡等功能，且日益重视教育、公益慈善，注重弘扬文化。潮商是潮州会馆等组织的主要组织者和赞助人。

1980年国际潮团联谊年会成立，1981年11月19日在香港九龙举办第一届年会，此后每两年举行一次大会。这宣示了世界性的潮人社团的诞生，彰显了潮人的凝聚力。

位于砚峰书院的潮商名贤祠

马来西亚槟榔屿潮州会馆 · 韩江家庙

开埠文化

第二次鸦片战争后，清政府被迫与列强签订了《天津条约》，增开潮州（后改汕头）为对外通商口岸。1860年1月1日，汕头正式开埠。此后，外国资本、洋行及洋工厂大量涌入，进出口贸易经济发展快速，到了20世纪二三十年代，在城市化的进程中汕头逐渐形成了小公园片区。小公园是指国平路、升平路、安平路等五条道路交接的街心广场，也泛指由国平、升平、安平、居平、永平等放射如环形商业街道组成的传统街区，是汕头当年繁华商业区的中心。20年代末到抗战前夕全面建成，汕头政治相对稳定，经济迅速发展是其背景因素，而侨资在建设中起了主导作用，约占总投资的2/3，建侨房2 000多幢，成街成坊，是汕头"百载商埠"的历史见证。它在历史演变的过程中形成了环形放射状的路网格局，中西合璧的骑楼建筑群以及多元复合的潮州地缘文化三个主要特征，成为汕头这座城市近代的历史形象和地方特色，是富有魅力的城市个性和地方文化的重要遗产。汕头开埠，承载着一段屈辱的记忆，也开启了一段繁荣的历史。

汕头小公园

新加坡潮州节

新加坡义安公司潮州节

香港潮州节

潮州节

潮州节是新加坡潮州八邑会馆自2014年首创推出的节庆活动，通过展出潮州文化遗产、美食与工艺品，让新加坡民众能一睹潮州文化之美。

潮州文化是新加坡华人文化中光辉灿烂的一页，也是新加坡历史中的重要部分。潮州节在展区设有潮州文化馆，向民众讲述潮汕先辈到南洋谋生的历史。美食、戏曲、特产、乡音……这些都是潮州节必不可少的元素，在人头攒动中，浓浓的潮味、温暖亲切的情谊和那种与时光记忆阔别重逢的喜悦，随着潮州节的举行，让人动容、动情。

新加坡义安公司自2013年起每年主办潮州文化节，会期三天，旨在提升社区对会馆的认识和对潮州文化与习俗的了解，也让更多年轻人、非潮籍华人和其他种族人群了解潮州文化，已成为每年一度的标志性活动。

从2015年起，香港潮属社团总会也主办了香港潮州节，一连5日，从美食、手工艺、艺术表演等多角度展示并弘扬潮州文化，促进两地人民互动交流。

南洋潮风

潮州人很早就南下马来西亚，并很快融入当地，与马来人、印度人及其他籍贯的华人和睦相处，融洽交流。马来西亚潮人接受的正规学校教育以"三语（汉语、英语及马来语）并重"为原则，潮人除掌握本身的潮语之外，往往还精通或至少通晓三种主要语言。基于同学群里有其他籍贯的华人，如果算上各籍贯华人的方言，有些马来西亚潮人几乎掌握接近十种语言。潮人与非潮人在家庭、社会及学校三大交流平台自然互动，潮语因与其他方言及外语互相融合而产生变化，具有特色的"南洋潮语"应运而生。潮语深入潮人生活的每一个角落，潮州歌谣等文化因素也通过长辈的口述获得传承。

马来西亚地处热带香料群岛地理位置范围，本土食物的特点便是一个"辣"字，潮人融入马来西亚社会后，所煮的潮菜也有了辣的元素。在南洋对异邦生存环境的顺应融合与对潮州文化的坚守，两者取得巧妙演变而成的自我定位，反而使潮州文化得到更好的延续传承，形成了南洋潮风，这在某种程度与意义上也丰富了全球范围概念的潮州文化。

马来西亚马六甲唐人街

马来西亚新山柔佛古庙

新山柔佛古庙会

马来西亚的新山市是马来西亚第二大城市，也是全球华人人口比例排名第三的城市。市中心的柔佛古庙为游神活动的起源地。早期华人出国后，在艰难险恶的异国他乡求存发展，往往将家乡的"老爷"（神明）恭请到侨居地立庙供奉起来，冀获保佑。游神活动起源于新山华人五大帮会（潮州、福建、客家、广肇、海南）的神供奉，已有一百多年历史。每年农历正月二十日至二十二日柔佛古庙众神出游的活动，是新山华人社会最热闹的年度盛事。古庙游神不仅延续华人的传统民俗文化，同时也塑造出属于自己的文化风格。经过百年历史的发展，游神已经逐渐成为华人在海外宣扬自身精神风貌的重要软实力。

今天的潮州，拥有"国家历史文化名城""中国优秀旅游城市""中国著名侨乡""中国瓷都""海丝重镇""中国潮州菜之乡""中国工艺美术之都""国家园林城市""中国婚纱晚礼服名城""国家重点工艺美术城市""中国民间文化艺术之乡""中国民间工艺传承之都"等一张张靓丽的名片，彰显了潮州文化历久弥新的独特魅力。依托厚重的资源禀赋，潮州正持续深入打造特色产业发展高地、文化强市建设标杆、中小城市美的典范，全面加强文化生态保护，推进文化遗存保育活化，加快文化地标项目建设，重现潮州府治历史风貌，延续城市历史文脉，让潮州古城成为海内外潮人寻根乡愁、寄托乡情的文化宝地，让潮州这颗岁月打磨而成的珍珠熠熠生辉。

2022年5月21日，在潮州举办的"国际茶日"中国主场活动"潮·工夫茶宴"现场

附 录

潮 州 城 市 名 片

- 国家历史文化名城
- 中国优秀旅游城市
- 国家园林城市
- 中国瓷都
- 中国婚纱晚礼服名城
- 中国著名侨乡
- 中国潮州菜之乡
- 中国食品名城
- 中国工艺美术之都
- 中国民间工艺传承之都
- 全国围棋之乡
- 中国民间文化艺术之乡
- 国家重点工艺美术城市
- 国家日用陶瓷特色产业基地

- 中国陶瓷出口基地
- 中国卫浴出口基地
- 陶瓷国家新型工业化产业示范基地
- 中国工艺鞋出口基地
- 首个国家级出口陶瓷产品质量安全示范区
- 中国服装跨国采购基地
- 厕所革命优秀城市
- 全国十大"最美家乡河"（韩江）
- 韩江（潮州段）全国示范河湖
- 全国文旅融合特色创新示范市
- 全国第二批市域社会治理现代化试点城市
- 国家级夜间文化和旅游消费集聚区

潮州历史沿革表

年代	隶属	沿革	辖县	附注
秦	始皇三十三年（前 214）	南海郡	揭阳		以五岭之一揭阳岭置戍所，潮地始载入秦王朝之版图。饶宗颐总纂《潮州志·沿革志》："稽潮事最古可征者，当肇于嬴秦之戍揭岭。"
汉	高祖三年（前 204）		揭阳		南海郡尉赵佗建立南越国，潮地属之。《潮州志·沿革志》："南越王时有揭阳令。"
	武帝元鼎六年（前 111）	南海郡	揭阳县		汉平定南越，揭阳令史定降汉。《潮州志·沿革志》："潮地有行政区划之设，殆以是为权舆（起始）""汉揭阳县地兼有今潮州九县及程乡、平远、镇平三县地与汀赣交界"
	新莽时期（前 8—23）	交州	南海亭		
	东汉	交州南海郡	揭阳县		
三国	吴	南海郡			其间一度属交州南海郡
晋	咸和六年（331）	广州东官郡	海阳县		分南海郡立东官郡，在古揭阳县地置海阳，始有"海阳"之称
	义熙九年（413）	广州	义安郡	辖县 5：海阳、绥安、海宁、潮阳、义招	分东官郡立义安郡，郡治海阳金山之麓。潮地始设置州郡一级行政区域建制

（续上表）

年代	隶属	沿革	辖县	附注
南北朝 宋（420—479）	广州	义安郡	同上	
齐（479—502）	广州	义安郡	辖县6：海阳、绥安、海宁、潮阳、义招、程乡	郡治绥安。从海阳析程乡
梁（502—557）		义安郡	同上	置东扬州，后改称瀛州，义安郡属之。瀛州治所义安，义安郡治海阳。"古瀛"别称则得于此
陈（557—589）		义安郡	同上	
隋 开皇十年（590）	循州	义安县		罢义安郡，海阳县改置义安县，省程乡
开皇十一年（591）		潮州	领县6：义安、绥安、海宁、潮阳、义招、程乡	潮州得名始此。唐·李吉甫《元和郡县志》："以潮流往复，因以为名。"
大业三年（607）	扬州	义安郡	领县5：海阳、海宁、潮阳、万川、程乡	罢州为郡，义安复名海阳，省绥安入龙溪，改义招为万川。此后，郡、州、路、府治均在海阳
唐 武德四年（621）	广州总管府	潮州	领县3：海阳、潮阳、程乡	复潮州，海宁并入潮阳、万川并入海阳，后潮阳曾并入海阳又再复立。此后，潮州曾分别改隶循州总管府、广州中都督府、江南道、岭南道、福州都督府等
天宝元年（742）	福建经略使	潮阳郡	领县3：海阳、潮阳、程乡	全国改州为郡，潮州改为潮阳郡，"潮阳"成为潮州的别称。

（续上表）

	年代	隶属	沿革	辖县	附注
唐	天宝十年（751）	岭南经略使	潮阳郡	同上	此后潮州一直隶属广东
	乾元元年（758）	岭南节度使	潮州	同上	复称潮州
五代十国	南汉乾和三年（945）		潮州	领县2：海阳、潮阳	升程乡置敬州（后改为梅州）
宋	开宝四年（971）	广南东路	潮州	领县2：海阳、潮阳	南汉灭，潮州归宋
	宣和三年（1121）	同上	潮州	领县3：海阳、潮阳、揭阳	析海阳置揭阳县，潮州领3县，县名都有"阳"字，故潮州又称"三阳"
	绍兴二年（1132）	同上	潮州	领县1：海阳	揭阳、潮阳并入海阳
	绍兴六年（1136）	同上	潮州	领县2：海阳、程乡	废梅州，程乡隶潮
	绍兴八年（1138）	同上	潮州	领县4：海阳、程乡、潮阳、揭阳	复潮阳、揭阳
	绍兴十四年（1144）	同上	潮州	领县3：海阳、潮阳、揭阳	复梅州，程乡归之
元	至元十六年（1279）	江西等处行中书省广东道宣慰使司	潮州路	领县3：海阳、潮阳、揭阳	
	元贞元年（1295）	同上	潮州路	领州1：梅州；梅州领程乡；领县3：海阳、潮阳、揭阳	梅州隶潮州
	延祐四年（1317）		潮州路	领县3：海阳、潮阳、揭阳	梅州隶广东道宣慰使司

（续上表）

年代	隶属	沿革	辖县	附注
洪武二年（1369）	广东等处行中书省	潮州府	领县4：海阳、潮阳、揭阳、程乡	废梅州，程乡隶潮。始称潮州府，知府署在新街（今昌黎路与义安路交界处）
洪武九年（1376）	广东承宣布政使司	潮州府	同上	
洪武三十一年（1398）	广东布政使司按察司岭东分巡道	潮州府	同上	后永乐年间岭东分巡道改称岭东分守道，道署均驻潮州
成化十二年（1476）	广东布政使司按察司岭东分守道	潮州府	领县5：海阳、潮阳、揭阳、程乡、饶平	析海阳置饶平县
嘉靖三年（1524）	同上	潮州府	领县6：海阳、潮阳、揭阳、程乡、饶平、惠来	析潮阳置惠来县
嘉靖五年（1526）	同上	潮州府	领县7：海阳、潮阳、揭阳、程乡、饶平、惠来、大埔	析饶平置大埔县
嘉靖四十一年（1562）	广东布政使司岭东分守道、伸威分巡道	潮州府	同上	岭东分守道驻长乐，伸威分巡道驻惠州
嘉靖四十二年（1563）	同上	潮州府	领县9：海阳、潮阳、揭阳、程乡、饶平、惠来、大埔、澄海、普安	析海阳、揭阳、饶平置澄海，析潮阳置普安（后改普宁）

明

（续上表）

	年代	隶属	沿革	辖县	附注
明	嘉靖四十三年（1564）	广东布政使司岭东分守道、伸威分巡道、海防兵备道	潮州府	领县10：海阳、潮阳、揭阳、程乡、饶平、惠来、大埔、澄海、普安、平远	新置平远
	崇祯七年（1634）	广东布政使司岭东分守道、海防兵备道	潮州府	领县11：海阳、潮阳、揭阳、程乡、饶平、惠来、大埔、澄海、普宁、平远、镇平	新置镇平。至明末清初，潮州府仍辖11县
清	顺治三年（1646）	广东总督布政使司岭东分守道、海防分巡道	潮州府	同上	潮州正式改用清朝纪年。清承明制，仍称潮州府
	康熙五年（1666）	两广总督布政使司岭东分守道	潮州府	领县10：海阳、潮阳、揭阳、程乡、饶平、惠来、大埔、普宁、平远、镇平	裁澄海
	康熙八年（1669）	两广总督布政使司	潮州府	领县11：海阳、潮阳、揭阳、程乡、饶平、惠来、大埔、澄海、普宁、平远、镇平	复澄海
	康熙二十二年（1683）	两广总督布政使司惠潮分巡道	潮州府	同上	设惠潮分巡道，道署驻潮州

（续上表）

年代	隶属	沿革	辖县	附注
雍正十一年（1733）	广东总督布政使司惠潮嘉分巡兵备道	潮州府	领县8：海阳、潮阳、揭阳、饶平、惠来、大埔、澄海、普宁	析程乡、平远、镇平置嘉应州
乾隆三年（1738）	两广总督布政使司惠潮嘉分巡兵备道	潮州府	领县9：海阳、潮阳、揭阳、饶平、惠来、大埔、澄海、普宁、丰顺	新置丰顺
元年（1912）	广东都督府			废府，置潮州安抚使，后改为潮州军务督办、潮梅镇守使，驻汕头
三年（1914）	广东巡按使署	潮循道	辖25县，潮安县、饶平县属之	海阳县改名潮安县。道署驻汕头
十四年（1925）	广东省政府	东江行政委员公署		驻汕头
二十一年（1932）	同上	东区绥靖委员公署	辖25县1市，潮安县、饶平县属之	治所初驻潮安，后迁汕头
二十五年（1936）	同上	第五区行政督察专员公署	辖9县1市1局，潮安县、饶平县属之	治所驻潮安
三十六年（1947）		第六区行政专员督察公署	潮安县、饶平县属之	治所驻潮安，汕头为省辖市

清（雍正十一年、乾隆三年）

民国（元年至三十六年）

（续上表）

	年代	隶属	沿革	辖县	附注
中华人民共和国	1949 年	广东省人民政府	潮汕临时专署	潮安县、饶平县属之	驻潮安县城
	1950 年	同上	潮汕专员公署	潮安县、饶平县属之	治所初设于汕头，后迁回潮安
	1951 年	同上	粤东办事处	潮安县、饶平县属之	治所设于潮安县彩塘
	1952 年	同上	粤东行政公署	辖潮汕、兴梅、东江等21县，潮安县、饶平县属之	治所设于潮安县城
	1953 年	同上	同上		1月析潮安县设立潮安市，7月改称潮州市，省辖市。始称潮州市
	1955 年	广东省	同上	潮安县、潮州市、饶平县属之	治所迁于汕头
	1956 年	同上	汕头专区	潮安县、潮州市、饶平县属之	
	1958 年	同上	同上	潮安县、饶平县属之	潮州市并入潮安县
	1979 年	同上	汕头地区	潮安县、潮州市、饶平县属之	恢复潮州市建制
	1983 年	同上	汕头市	潮州市、饶平县属之	潮安县并入潮州市
	1989 年	同上	潮州市		省直辖。享受市（地）一级经济管理权限
	1990 年	同上	潮州市		副地级市

（续上表）

年代	隶属	沿革	辖县	附注
1991 年 12 月	同上	潮州市	辖潮安县、饶平县、湘桥区	地级市
1995 年 12 月	同上	潮州市	辖潮安县、饶平县、湘桥区、枫溪区	新设立枫溪区，为市的派出机构，行使县级区职权
2013 年 6 月	同上	潮州市	辖潮安区、饶平县、湘桥区和枫溪区	撤销潮安县，设立潮安区

中华人民共和国

潮州市全国重点文物保护单位名录

序号	名称	年代	地址	公布时间
1	广济桥	宋至明	潮州市区广济门外	1988年
2	许驸马府	宋	潮州市区中山路葡萄巷	1996年
3	潮州开元寺	唐至清	潮州市区开元路	2001年
4	笔架山潮州窑遗址	宋	潮州市区韩江东岸笔架山	
5	己略黄公祠	清光绪	潮州市区义安路铁巷	
6	韩文公祠	宋至清	潮州市区桥东笔架山麓	2006年
7	从熙公祠	清	潮州潮安区彩塘镇金砂管理区	
8	道韵楼	明	饶平县三饶镇南联村	
9	潮州老城古民居建筑群 辜厝巷林宅	明	潮州市区辜厝巷1号	2013年
	郑厝巷蔡宅	明	潮州市区郑厝巷12号	
	甲第巷外翰第	清	潮州市区甲第巷12号	
	甲第巷大夫第	清	潮州市区甲第巷18号	
	辜厝巷德里旧家	民国	潮州市区辜厝巷7号	
	辜厝巷王宅	清	潮州市区辜厝巷22号	
	兴宁巷大夫第	清	潮州市区兴宁巷24号	
	红栏杆	清	潮州市区辜厝巷10号	
	东府埕儒林第	清	潮州市区中山路葡萄巷东府埕2号	
	卓府	清	潮州市区中山路22号	
	马使埕闫宅	清	潮州市区中山路葡萄巷马使埕8号	
	青亭巷大夫第	清	潮州市区中山路青亭巷24号	
	黄尚书府	明	潮州市区上西平路2号	
	铁巷陈宅	明	潮州市区义安路铁巷20号	

潮州市省级文物保护单位名录

序号	名称		年代	地址	公布时间
1	凤凰塔		明	潮州市区桥东涸溪	1962年
2	葫芦山摩崖石刻		宋至民国	潮州市区葫芦山上	
3	海阳县儒学宫		明	潮州市区昌黎路	1989年
4	广济门城楼		明	潮州市区东门街	
5	王大宝墓		宋	潮州市潮安区归湖镇神前山	
6	镇风塔		元	饶平县柘林镇风吹岭	
7	涵碧楼（南昌起义军三师司令部旧址）		1927年	潮州市区西湖公园	
8	大埕所城		明	饶平县所城镇	2002年
9	饶平土楼	南阳楼	明	饶平县上饶镇永善村	
		新彩楼	明	饶平县饶洋镇赤棠村	
		镇福楼	明	饶平县上饶镇马坑村	
		润丰楼	清	饶平县新丰镇丰联村	
10	紫来楼		明至清	饶平县樟溪镇乌溪村	2008年
11	黄冈丁未革命纪念亭		1934年	饶平县黄冈镇中山公园	
12	孙默斋墓		明	潮州市潮安区沙溪镇沙一村眠龙山	
13	林大钦墓		明	潮州市潮安区金石镇桑浦山状元埔	
14	仙溪王氏大宗祠		明清	潮州市潮安区庵埠镇仙溪村	
15	二善潮源楼		清	饶平县上饶镇二善村	2012年
16	泰华楼		清	饶平县饶洋镇蓝屋村	
17	龙湖寨古建筑群（含许氏宗祠、林氏宗祠、婆祠、是荷公祠、儒林第、院巷许厝、福茂内、方伯第、寨墙）		清至民国	潮州潮安区龙湖镇龙湖寨（9处）	

（续上表）

序号	名称	年代	地址	公布时间
18	刘嵩家族墓（含刘嵩墓、刘允墓、刘昉墓、刘景墓）	唐至宋	潮州市湘桥区桥东街道下津村（4处）	2015年
19	卢侗墓	宋	潮州市潮安区登塘镇政府后	
20	丁允元墓	南宋	潮州市湘桥区磷溪镇英山村凤地	
21	三饶城隍庙	明至清	饶平县三饶镇中华路	
22	象埔寨	明至清	潮州市潮安区古巷镇古一村	
23	五全楼	清	饶平县新丰镇溁西村	
24	晋荣楼	清	饶平县新丰镇三中村	
25	石尾山摩崖佛造像	元	潮州市潮安区金石镇塔下村石尾山	
26	洋东瓦窑	20世纪60—80年代	饶平县联饶镇洋东村	
27	宗山书院牌坊与石刻	明	潮州市潮安区金石镇塔下村	2019年
28	庵埠文祠	明	潮州市潮安区庵埠镇复兴社区	
29	新乡仁美里	1900—1911年	潮州市潮安区凤塘镇新乡村	
30	茂芝会议旧址	1927年	饶平县上饶镇茂芝村全德学校	
31	海山义勇军抗日指挥部旧址	1938年	饶平县海山镇隆北村刘厝祠	

潮州市国家级非物质文化遗产代表性项目名录

序号	项目类别	项目名称	保护单位
1	传统音乐	潮州音乐	潮州市文化馆（潮州市非物质文化遗产保护中心）
2	传统戏剧	潮剧	潮州市潮剧团
3	传统戏剧	木偶戏（潮州铁枝木偶戏）	潮州市潮安区文化馆（区非物质文化遗产保护中心）
4	曲艺	歌册（潮州歌册）	潮州市文化馆（潮州市非物质文化遗产保护中心）
5	传统美术	剪纸（潮州剪纸）	潮州市文化馆（潮州市非物质文化遗产保护中心）
6		粤绣（潮绣）	潮州市工艺美术研究院
7		潮州木雕	潮州市湘桥区文化馆（潮州市湘桥区图书馆）
8		泥塑（潮州大吴泥塑）	潮州市潮安区文化馆（区非物质文化遗产保护中心）
9		灯彩（潮州花灯）	潮州市湘桥区文化馆（潮州市湘桥区图书馆）
10		镶嵌（潮州嵌瓷）	潮州市工艺美术研究院
11		抽纱（潮州抽纱）	潮州市抽纱公司
12		粤绣（珠绣）	潮州市
13	传统技艺	枫溪瓷烧制技艺	潮州市枫溪区文化工作办公室
14		潮州彩瓷烧制技艺	潮州市工艺美术研究院
15		陶器烧制技艺（枫溪手拉朱泥壶制作技艺）	潮州市枫溪区文化工作办公室
16	传统制作技艺	潮州菜烹饪技艺	潮州市文化馆（潮州市非物质文化遗产保护中心）
17	民俗	茶艺（潮州工夫茶艺）	潮州市文化馆（潮州市非物质文化遗产保护中心）

潮州市省级非物质文化遗产代表性项目名录

序号	项目类别	项目名称	保护单位
1	民间美术	潮州剪纸艺术	潮州市
2	传统音乐	潮州音乐	潮州市
3		佛教音乐（潮州禅和板）	潮州市
4		畲族民歌	潮州市潮安区
5		潮州音乐（潮州大锣鼓）	潮州市湘桥区
6	传统舞蹈	潮州饶平布马舞	潮州市饶平县
7		潮州鲤鱼舞	潮州市
8		英歌舞（潮安文里英歌舞）	潮州市潮安区
9		潮州麒麟舞	潮州市潮安区
10	戏曲	潮剧	潮州市
11		潮州铁枝木偶戏	潮州市潮安区
12	民间手工技艺	潮州木雕艺术	潮州市
13		潮绣艺术	潮州市
14		潮州大吴泥塑	潮州市潮安区
15		枫溪瓷烧制技艺	潮州市枫溪区
16		珠绣	潮州市
17	曲 艺	潮州歌册	潮州市
18	民间美术	潮州花灯	潮州市
19	民俗	畲族招兵节	潮州市潮安区
20		饶平彩青习俗	潮州市饶平县
21		潮州"出花园"	潮州市湘桥区
22		潮州工夫茶	潮州市
23		庙会（潮州青龙庙会）	潮州市湘桥区
24		大埕所城端午节游旱龙	潮州市饶平县

（续上表）

序号	项目类别	项目名称	保护单位
25	民间文学	陈三五娘传说	潮州市湘桥区
26		潮州歌谣	潮州市湘桥区
27	传统美术	潮州麦秆剪贴画	潮州市
28		潮州彩瓷	潮州市
29		镶嵌（潮州嵌瓷）	潮州市
30		潮州推光金漆画	潮州市潮安区
31		玉雕（潮州玉雕）	潮州市湘桥区
32	传统技艺	潮州菜烹饪技艺	潮州市
33		浮洋方潮盛铜锣制作技艺	潮州市潮安区
34		潮州抽纱刺绣技艺	潮州市
35		枫溪手拉壶制作技艺	潮州市枫溪区
36		铜铸胎掐丝珐琅器制作技艺	潮州市
37		潮州金银錾刻技艺	潮州市
38		漆器髹饰技艺（潮州漆器髹饰技艺）	潮州市潮安区
39		陶器烧制技艺（潮州炭炉制作技艺）	潮州市枫溪区
40		乌龙茶制作技艺（潮州单丛茶制作技艺）	潮州市
41		建筑木结构营造技艺（潮州传统建筑木结构技艺）	潮州市湘桥区
42		凉果制作技艺（潮州佛手果老香黄制作技艺）	潮州市
43		凉果制作技艺（潮州九制陈皮制作技艺）	潮州市潮安区
44		凉果制作技艺（潮州九制金榄制作技艺）	潮州市
45		盐焗鸡制作技艺（饶平盐焗鸡制作技艺）	潮州市饶平县
46		糕点制作技艺（潮州腐乳饼制作技艺）	潮州市
47	传统医药	中医养生（潮州暑茶）	潮州市

参考文献

1. （明）解缙等编：《永乐大典》，北京：中华书局影印本，1986年。

2. （明）解缙等编：《永乐大典》（卷5343、5345"潮州府一、三"）（韩山师范学院图书馆影印本），潮州：潮州市地方志办公室，2000年。

3. 广东省地方史志办公室编著：《广东历代方志集成·省部》（第1~29册），广州：岭南美术出版社，2006年。

4. 广东省地方史志办公室编著：《广东历代方志集成·潮州府部》（第1~40册），广州：岭南美术出版社，2009年。

5. （明）郭子章：《潮中杂纪》，潮州市地方志办公室影印本，2003年。

6. 饶宗颐总纂：《潮州志》，潮州：潮州市地方志办公室，2005年。

7. 饶宗颐总纂：《潮州志补编》，潮州：潮州海外联谊会，2011年。

8. 潮州市地方志编纂委员会编：《潮州市志》，广州：广东人民出版社，1995年。

9. 潮州市地方志编纂委员会编：《潮州市志（1992—2005）》，广州：岭南美术出版社，2014年。

10. 中共潮州市委党史研究室编：《中共潮安党史·新民主主义革命时期》，潮州：中共潮州市委党史研究室，1993年。

11. 中共潮州市委党史研究室、凤凰山革命纪念公园筹委会编：《凤凰山革命根据地史料汇编》，潮州：中共潮州市委党史研究室、凤凰山革命纪念公园筹委会，2002年。

12. 饶宗颐：《饶宗颐二十世纪学术文集·卷九"潮学"》（上下），北京：中国人民大学出版社，2009年。

13. 饶锷、饶宗颐：《潮州艺文志》，上海：上海古籍出版社，1994年。

14. 饶宗颐编撰：《潮州先贤像传》，香港：香港潮州商会，1992年。

15. 黄挺：《潮汕史简编》，广州：暨南大学出版社，2017年。

16. 曾楚楠：《拙庵论潮丛稿》（一），香港：中华诗词出版社，2008年。

17. 曾楚楠：《拙庵论潮丛稿》（二），香港：中华诗词出版社，2019年。

18. 广东省地方史志编委会编：《广东省志·文物志》，广州：广东人民出版社，2007年。

19．谢逸主编，潮州市文物志编写组：《潮州市文物志》，潮州：潮州市文物志编写组，1985年。

20．黄挺、马明达：《潮汕金石文征·宋元卷》，广州：广东人民出版社，1999年。

21．广东省文物考古研究所编：《浮滨撷英：广东大埔、饶平原始瓷发现与研究》，上海：上海古籍出版社，2020年。

22．罗仰鹏主编：《潮汕人物辞典》，广州：广东人民出版社，2019年。

23．杨锡铭主编：《海外潮人史话》，北京：中国文史出版社，2009年。

24．杨坚平编著：《潮州民间美术全集·潮州木雕》，汕头：汕头大学出版社，2000年。

25．杨坚平编著：《潮州民间美术全集·潮州陶瓷》，汕头：汕头大学出版社，2000年。

26．杨坚平编著：《潮州民间美术全集·潮州剪纸》，汕头：汕头大学出版社，2000年。

27．杨坚平编著：《潮州民间美术全集·潮州抽纱》，汕头：汕头大学出版社，2000年。

28．陈向军主编：《潮州市非物质文化遗产通览》，北京：中国文史出版社，2010年。

29．广东省博物馆编：《南国瓷珍：潮州窑瓷器精萃》，广州：岭南美术出版社，2011年。

30．黄挺、李炳炎主编：《南国瓷珍：潮州窑学术研讨会论文集》，香港：香港中文大学文物馆，2012年。

31．《中国国家人文地理》编委会编：《中国国家人文地理·潮州》，北京：中国地图出版社，2019年。

32．郑鹤龄主编：《小公园的前世今生》，广州：广东旅游出版社，2019年。

后 记

2020年10月，习近平总书记到广东视察，第一站就来到潮州。习近平总书记视察了广济桥、广济楼、牌坊街，察看文物修复、非遗文化传承、文旅资源开发等情况，并对潮州文化进行了精辟的论述，对传承和弘扬潮州文化提出了殷切期望，希望潮州广大干部群众抓住机遇，乘势而上，起而行之，把潮州建设得更加美丽。

为贯彻落实习近平总书记视察广东、视察潮州重要讲话和重要指示精神，奋力推动潮州文化在新时代传承发展，潮州市社科联及时组织专家学者开展学习研讨，及早向广东省社科联汇报贯彻落实情况，提交进一步抓好贯彻落实的请示，广东省社科联领导高度重视，专门召开党组会议，研究确定一批支持潮州文化建设的项目，编辑出版潮州文化普及读本《图说潮州文化》是这批项目之一。

潮州文化作为中华文化瑰宝，发祥于潮州，植根于地方深厚的历史和广大民众之中，是一个开放包容的文化生态系统，在海内外具有重要的影响力和辐射力。编辑出版《图说潮州文化》，有利于进一步推动潮州文化在海内外传承和弘扬，有利于推动潮州文化的创造性转化、创新性传承。为此，潮州市社科联精心做好工作落实，根据广东省社科联的工作要求，广泛听取专家学者意见，落实专人，搜集资料，征集照片，撰写文稿，顺利完成了《图说潮州文化》的编撰工作。

潮州古城一直是历代郡、州、路、府治所，是世界潮人的根祖地和精神家园，因此，本书以潮州古城为中心，对潮州文化的脉络进行梳理，对众多代表性的文化印记进行概括提炼，力求简明而系统地介绍潮州文化，突出体现潮州文化的底蕴和魅力。由于潮州文化源远流长、博大繁富，编写中只能择要而述、突出亮点，这就产生了不少取舍之难，也难免挂一漏万。在此，希望读者支持理解，不妥之处给予批评指正。

在编写过程中，广东省社科联、潮州市委宣传部等部门领导给予了悉心指导和大力支持，陈贤武、吴淑贤同志不辞辛苦，通力合作，为该书的编写付出了大量心血，谢振泽、张楚藩、蔡志海等同志为本书的策划和修改提出了难得的建议，曾楚楠同志用心用情对全稿进行了审核，蔡立佳、陈楚霖、陈传荣、陈宏文、陈嘉琳、陈利江、陈启亮、陈椰、陈映娜、陈泽生、程雪鹏、杜光文、洪旭勤、黄舒泓、黄奕强、李炳炎、李雁青、李玉龙、林佳燕、卢静雄、邱歆森、王邦平、温亿中、谢达虹、杨坚平、张伟雄、郑坚、郑鹏、庄建明等同志提供了精美图片，启慧文化、大象美学对装帧设计给予支持和帮助，在此一并致以衷心的感谢！

本书编委会
2022年6月